博雅国际汉语精品教材
北大版长期进修汉语教材

Boya Chinese

Reading and Writing (Intermediate) II

博雅汉语读写·中级冲刺篇 II

李晓琪　主编
王海峰　陈　兰　编著

图书在版编目 (CIP) 数据

博雅汉语读写. 中级冲刺篇. Ⅱ /李晓琪主编；王海峰，陈兰编著. —北京：北京大学出版社，2019. 1

北大版长期进修汉语教材

ISBN 978-7-301-29961-6

Ⅰ. ① 博… Ⅱ. ①李… ②王… ③陈… Ⅲ. ① 汉语—对外汉语教学—教材 Ⅳ. ① H195.4

中国版本图书馆 CIP 数据核字（2018）第 230961 号

书　　名　博雅汉语读写 · 中级冲刺篇 Ⅱ
　　　　　BOYA HANYU DUXIE · ZHONGJI CHONGCI PIAN Ⅱ
著作责任者　李晓琪　主编　王海峰　陈　兰　编著
责任编辑　孙艳玲　邓晓霞
标准书号　ISBN 978-7-301-29961-6
出版发行　北京大学出版社
地　　址　北京市海淀区成府路 205 号　100871
网　　址　http://www.pup.cn　　新浪微博：@ 北京大学出版社
电子信箱　zpup@pup.cn
电　　话　邮购部 010-62752015　发行部 010-62750672　编辑部 010-62753374
印 刷 者　北京大学印刷厂
经 销 者　新华书店
　　　　　889 毫米 ×1194 毫米　大 16 开本　8 印张　159 千字
　　　　　2019 年 1 月第 1 版　2019 年 1 月第 1 次印刷
定　　价　42.00 元

前 言

“听说读写”四项技能是第二语言学习者必备的语言技能，全面掌握了这四项技能，就能够实现语言学习的最终目标——运用语言自由地进行交际。为实现这一目的，自 20 世纪中后期起，从事语言教学工作的教材编写者们在综合教材之外，分别编写听力教材、口语教材、阅读教材和写作教材，这对提高学习者的“听说读写”四项语言技能起到了至关重要的作用。不过，由于各教材之间缺乏总体设计，各位编者各自为政，产生的结果就是教材主题比较零散，词汇量和语言点数量偏多，重现率偏低。这直接影响到教学效果，也不符合第二语言学习规律和现代外语教学原则。21 世纪以来，听说教材和读写教材开始出现，且以中级听说教材和中级读写教材为主，这是教材编写的新现象。

“博雅汉语”听说、读写系列教材突破已有教材编写的局限，根据语言教学和语言习得的基本原则，将听力教学和口语教学相结合，编写听说教材 9 册；将阅读教学和写作教学相结合，编写读写教材 6 册，定名为“博雅汉语”听说、读写系列教材。这是汉语教材编写的一次有益尝试。为保证教材的科学性和有效性，在编写之前，编者们多次研讨，为每册教材定性（教材的语言技能性质）、定位（教材的语言水平级别）和定量（教材的话题、词汇量和语言点），确保了教材设计的整体性和科学性，这符合现代外语教材编写思路和原则，也是本套教材编写必要性的集中体现。相信本套教材的出版，可为不同层次的学习者（从初级到高级）学习和掌握汉语的“听说”“读写”技能提供切实的帮助，可为不同院校的“听说”课程和“读写”课程，提供突出语言功能的成系列的好用教材。

还要说明的是，早在 2004 年，北京大学对外汉语教育学院的一些教师已经陆续编写和出版了综合教材“博雅汉语”系列，共 9 册。该套教材十余年来受到使用者的普遍欢迎，并获得北京大学 2016 年优秀教材奖。2014 年，该套教材根据使用者的需求进行了修订，目前修订工作已经全部完成。本次编写的“博雅汉语”听说、读写系列教材，与《博雅汉语》综合教材成龙配套，形成互补（听说9册与综合9册对应，读写分为初、中、高三个级别，也与综合教材对应，详见各册教材的说明）和多维度的立体结构。无论是从教材本身的体系来看，还是从出版的角度来说，同类系列汉语教材这样设计的还不多见，“博雅汉语”系列教材的出版开创了汉语教材的新局面。

教材的独特之处有以下几点：

1. 编写思路新，与国际先进教学理念接轨

随着中国国际地位的提高，世界各国、各地区学习汉语的人越来越多，对外汉语教学方兴未艾，编写合适的对外汉语系列教材是时代的呼唤。目前世界各地编写的对外汉语教材数量众多，但是很多教材缺乏理论指导，缺乏内在的有机联系，没有成龙配套，这不利于对外汉语教学的有效开展。国内外对外汉语教学界急需有第二语言教学最新理论指导的、有内在有机联系的、配套成龙的系列教材。本套系列教材正是在此需求下应运而生，它的独到之处主要体现在编写理念上。

第二语言的学习，在不同的学习阶段有不同的学习目标和特点，因此“博雅汉语”听说、读写系列教材的编写既遵循了汉语教材的一般性编写原则，也充分考虑到各阶段的特点，较好地体现了各自的特色和目标。两套教材侧重不同，分别突出听说教材的特色和读写教材的特色。前者注重听说能力的训练，在过去已有教材的基础上有新的突破；后者注重读写能力的训练，特别重视模仿能力的培养。茅盾先生说：“模仿是创造的第一步。”行为主义心理学也提出“模仿”是人类学习不可逾越的阶段。这一思想始终贯穿于整套教材之中。说和写，都从模仿开始，模仿听的内容，模仿读的片段，通过模仿形成习惯，以达到掌握和创新。如读写教材，以阅读文本为基础，阅读后即引导学习者概括本段阅读的相关要素（话题、词语与句式），在此基础上再进行拓展性学习，引入与文本话题相关的词语和句式表达，使得阅读与写作有机地贯通起来，有目的、有计划、有步骤、有梯度地帮助学生进行阅读与写作的学习和训练。这一做法在目前的教材中还不多见。

2. 教材内容突出人类共通文化

语言是文化的载体，也是文化密不可分的一部分，语言受到文化的影响而直接反映文化。为在教材中全面体现中华文化的精髓，又突出人类的共通文化，本套教材在教学文本的选择上花了大力气。其中首先是话题的确定，从初级到高级采取不同方法。初级以围绕人类共通的日常生活话题（问候、介绍、饮食、旅行、购物、运动、娱乐等）为主，作者或自编，或改编，形成初级阶段的听或读的文本内容。中级阶段，编写者以独特的视角，从人们日常生活中的喜怒哀乐出发，逐渐将话题拓展到对人际、人生、大自然、环境、社会、习俗、文化等方面的深入思考，其中涉及中国古今的不同，还讨论到东西文化的差异，视野开阔，见解深刻，使学习者在快乐的语言学习过程中，受到中国文化潜移默化的熏陶。高级阶段，以内容深刻、语言优美的原文为范文，重在体现人文精神、突出人类共通文化，让学习者凭借本阶段的学习，能够恰当地运用其中的词语和结构，能够自由地与交谈者交流自己的看法，能够自如地写下自己的观点和意见……最终能在汉语的天空中自由地飞翔。

3. 充分尊重语言学习规律

本套教材（听说教材和读写教材），从功能角度都独立成册、成系列，在教学上完全可以独立使用；但同时又与《博雅汉语》综合教材配套呈现，主要体现在三个方面：

（1）同步教材（听说、读写），每课的话题与综合教材基本吻合；

（2）每课的词汇量重合在30%～40%，初级阶段（听说1、2册）重合率达到80%～90%；

（3）语言知识点在重现的基础上有限拓展。

这样，初级阶段做到基本覆盖并重现《博雅汉语》综合教材的词语和语言点，中高级阶段，逐步加大难度，重点学习和训练表达任务与语言结构的联系和运用，与《博雅汉语》综合教材的内容形成互补循环。

配套呈现的作用是帮助学习者在不同的汉语水平阶段，各门课程所学习的语言知识（词语、句式）可以互补，同一话题的词语与句式在不同语境（“听说读写”）中可以重现，可以融会贯通，这对学习者认识语言，同步提高语言“听说读写”四项技能有直接的帮助。

4. 练习设置的多样性和趣味性

练习设计是教材编写中的重要一环，也是本教材不同于其他教材的特点之一。练习的设置除了遵循从机械性练习向交际练习过渡的基本原则外，还设置了较多的任务型练习，充分展示“做中学”“练中学”的教学理念，使学习者在已有知识的基础上得到更深更广的收获。

还要特别强调的是，每课的教学内容也多以听说练习形式和阅读训练形式呈现，尽量减少教师的讲解，使得学习者在课堂上获得充分的新知识的输入与内化后的语言输出，以帮助学习者尽快掌握汉语“听说读写”技能。这也是本套教材的另一个明显特点。

此外，教材中还设置了综合练习和多种形式的拓展训练，这些练习有些超出本课听力和阅读所学内容，为的是让学习者在已有汉语水平的基础上自由发挥，有更大的提高。

综上，本套系列教材的总体设计起点高，视野广，既有全局观念，也关注每册的细节安排，并且注意学习和借鉴世界优秀第二语言学习教材的经验；参与本套系列教材的编写者均是具有丰富教学经验的优秀教师，多数已经在北京大学从事面向留学生的汉语教学工作超过20年，且有丰硕的科研成果。相信本套系列教材的出版将为正在世界范围内开展的汉语教学提供更大的方便，将进一步推动该领域的学科建设向纵深发展，为汉语教材的百花园增添一束具有鲜明特色的花朵。

衷心感谢北京大学出版社的领导和汉语室的各位编辑，是他们的鼓励和支持，促进了本套教材顺利立项（该套教材获2016年北京大学教材立项）和编写实施；是他们的辛勤耕作，保证了该套教材的设计时尚、大气，色彩与排版与时俱进，别具风格。在此代表全体编写者一并致谢！

李晓琪

于北京大学蓝旗营

使用说明

本书是与《博雅汉语·中级冲刺篇Ⅱ》相配套的阅读与写作教材，适用于已经进入中级阶段，向高级阶段冲刺的汉语学习者，编写目的在于提高该阶段汉语学习者的阅读与写作能力。

现将本书的基本结构介绍如下：

全书共8课，其主题分别为仪式聚会、来龙去脉、时事调研、走遍四方、动物世界、美女帅哥、求职应聘、天南地北。每课有2篇阅读选文和1个写作训练，每篇阅读选文由导入性问题、标题、正文、生词表和练习题构成；写作部分包括热身活动、写作任务、实战练习、定稿四部分。

本书的主要特色有以下几个方面：

一、本书既可以与《博雅汉语·中级冲刺篇Ⅱ》配套使用，也可以独立使用。在编写宗旨与理念上，本书体现出与《博雅汉语·中级冲刺篇Ⅱ》的呼应与配套，均坚持语篇理论和任务型教学法，每课的话题选择大体一致。同时，话题角度和内容又有所不同，本教材也可以作为中高级汉语读写教材而单独使用。

二、趣味性是本书编选阅读材料时比较注重的因素。我们大多数人都有过第二语言的学习经历，其中的苦与乐必然心中自有体会。学习语言是一件痛并快乐的事情。身为汉语作为第二语言的教学者，我们希望能够通过对教学材料的选择安排增加学习的趣味性。我们广泛翻阅大量文章材料，从国内知名报纸、杂志或网站上选择精品文章，保证语言材料的典雅、规范与优美；在话题安排上涉及人生、励志、亲情、风俗、自然、动物等多方面，注重话题的通用性与开放性，便于学习者模仿、理解、表达、评论。

三、写作的设计循序渐进，有拐棍，分小步，一步一个脚印，逐步引导学生完成写作。写作是一个输出的过程，是检验学习成果的一种方式。很多学生遇到写作就打怵，不知如何下手。其实，写作主要解决两个问题，一是思路框架，二是语言组织。

在思路方面，写作部分按照一篇作文的思路框架分步骤地设计多个小任务；在语言组织方面，阅读部分已经做了预热与铺垫，写作部分的每个小任务中，本书提供常用词语、固定搭配以便练习组织语言。我们希望，能够稳扎稳打、水到渠成地完成写作任务。

为了尽可能地提高使用者对本书的使用效果，我们提出以下建议，以供参考。

一、阅读训练

阅读文章是地地道道的汉语材料，我们希望学习者不光能够学到语言的知识，还能够了解到中国人的想法、习惯与关注点：①在阅读选文之前，设计一两个热身小问题，既是对本篇阅读的简单提示，也是为了引起学生的兴趣与思考；②正文部分复现《博雅汉语・中级冲刺篇Ⅱ》的部分知识点，以便于温故知新；③针对新出现的生词，在生词右上角用阿拉伯数字进行编号，通过数字编号可以在右侧的生词表进行查询，生词标有音标、词性、中文或英文释义；④练习题包括判断正误、选择题（或填表）、写一写等，大量的课后练习，可以帮助学习者对阅读文章有一个概括性的了解，也可以加强其对具体细节的掌握，使之对阅读材料的理解更深一层。

二、写作训练

很多学生经常为了写作而发愁：写作时不知道从何下手，写着写着没词了。我们对写作部分的设计下了不小的功夫：①热身活动让学生先找找写作的感觉；②写作任务包括“学一学”与“练一练”，“学一学”提供句式或常用表达进行指导，在学习了句式或常用表达之后，可以在“练一练”部分进行有步骤的写作练习；③在实战练习部分提供一篇“范文欣赏”让学习者参考，并给出写作要求，之后可“依葫芦画瓢”完成初稿；④定稿后，可以将作文最终稿写在作文纸上。

同时，这本教材每课附配套资源，并在最后附词汇表。配套资源内容丰富，学习者可通过扫描每课二维码获取本课课文及生词录音、练习题参考答案等，方便快捷；词汇表汇总整本教材的词语，按音序排列，有助于学习者查阅、检索词汇。

特别感谢北京大学出版社为本书提供的平台，感谢责任编辑勤勉尽责的辛劳付出。

同时，希望本教材的使用者能及时将使用体会与意见反馈给编写组，为本教材的修订提供参考意见。

王海峰　陈　兰

目录

第1课 仪式聚会

阅读（一）

你帮助过贫困地区的孩子吗？如果一个贫困孩子不是成绩优秀的“好孩子”，你还会帮助他吗？

学校里的捐款仪式

天堂村小学是全县出了名的贫困[1]小学，这里的孩子急需社会的帮助，偶尔有个慈善家[2]来捐款，全校师生都会站在山顶上，手里挥舞[3]着野花欢迎。

这天，天堂村小学来了一位特别的老学者，他独自一个人走了两个小时的山路，在路上还摔伤了膝盖。当他一瘸[4]一拐地出现在校长面前时，已经是狼狈不堪[5]了。

“对不起！”老学者显得有点儿不好意思，“我……想资助[6]你们10名特困生[7]。”

校长非常高兴，心想，这送上门的好机会不能眼睁睁地错过了，于是热情地说：“要不，我让学生排队欢迎您？”

老学者连忙摆摆手说：“千万不要，我

1. 贫困（形）pínkùn: 穷，生活困难。poor
2. 慈善家（名）císhànjiā: a philanthropist
3. 挥舞（动）huīwǔ:（手里拿着东西）不停地摇。to wave
4. 瘸（动）qué: 腿脚有毛病，走路不正常。to limp
5. 狼狈不堪 lángbèi-bùkān: 形容十分艰难的样子。to be in an awkward predicament
6. 资助（动）zīzhù: 用钱或物来帮助别人。to subsidize
7. 特困生（名）tèkùnshēng: 生活非常困难的学生。poor student

捐了钱就走，不能耽误时间。”

15分钟以后，校长递给老学者一张资助名单，说：“他们的功课很好，将来肯定能拿到重点大学的文凭。”

老学者沉默了一会儿说：“校长，我能亲自挑选资助的对象[8]吗？”

“当然，这是您的权利。但……这些绝对是好学生，不信您看看他们的成绩单。”

老学者笑了，“我当然相信，但请给我所有贫困生的名单。”

校长把30名贫困生的名单递给了老学者。老学者要了一张白纸，小心地撕成一张张小纸条，然后在纸条上写上每一个贫困生的名字，写完一张，就揉成团丢在一个盘子里。

校长问：“您想抓阄儿[9]决定资助的对象吗？”

老学者点点头，“恐怕只有这样才公平。”

校长着急地说：“不行，依这种做法，您会抽到成绩差的孩子的。他们是后进生，整天爬树打架，考试经常不及格，将来不会成器的。”

老学者停下手中的笔，“在我眼中，孩子们没有好坏的差别，他们的心都是天真美好[10]的……”

3分钟以后，老学者抽到10个名字，其中4个孩子不在校长原先的名单里。

下午在教室里举行了一个捐款[11]仪式[12]。全校师生参加了捐款仪式，教室里坐满了人，

8. 对象（名）duìxiàng: 思考或行动的目标。object; target

9. 抓阄儿 zhuā jiūr: 从预先做好记号的纸团中抓取。to draw lots

10. 美好（形）měihǎo: 好（多用于抽象事物）。fine; nice

11. 捐款 juān kuǎn: 拿出钱来帮助。to donate money

12. 仪式（名）yíshì: ceremony

显得很热闹。典礼开始了，首先校长致辞表示感谢。接下来，老学者发言："我想向其他20名贫困生表示道歉，对不起，我还没有能力资助所有的学生。没有被选上的同学，只是运气差了些，总有一天，我会回来弥补[13]你们的遗憾[14]！"教室里响起热烈的掌声……

老学者没有告诉大家，这所小学就是他45年前的母校，他也曾得到过一位老华侨[15]的资助。当时，在村民眼中他是一个不折不扣的"后进生"，可是老华侨的一句话改变了他的一生，"在我眼中，从来没有一个坏孩子，我一样爱他们"。

（选自《辽宁晚报》2008年11月16日，张春风，有改动）

13. 弥补（动）míbǔ：补偿。to make up for; to offset
14. 遗憾（名、形）yíhàn：觉得可惜的事情；后悔。pity; regretful
15. 华侨（名）huáqiáo：住在国外的中国人。overseas Chinese

练习 Exercises

一 判断正误

[ ] 1. 老学者来的时候，全校师生挥舞着野花欢迎。
[ ] 2. 校长用抓阄儿的方式选出10名学生。
[ ] 3. 老学者根据学生的学习成绩，选定了10名资助对象。
[ ] 4. 校长的名单和老学者的名单中有6个人是相同的。
[ ] 5. 捐款仪式上，老学者向没有被资助的贫困生道歉。
[ ] 6. 老学者45年以后再来母校资助其余20名贫困生。

二 根据文章内容，选择正确答案

1. 下面的说法正确的是________。
   A. 老学者来时，校长感到很激动
   B. 天堂村小学经常有慈善家来捐款
   C. 老学者只想帮助10名功课好的学生
   D. 老学者捐款以后，要在天堂村停留几天

2. 老学者________。

A. 想看看成绩单，再决定资助谁

B. 只想资助后进生，因为他们需要帮助

C. 不管成绩好坏，只要是贫困生他都想资助

D. 想资助功课好、将来能拿到重点大学文凭的学生

3. 在捐款仪式上，________。

A. 校长向老学者道歉，因为选错了人

B. 老学者觉得自己的运气差，感到遗憾

C. 参加人员只有全校贫困生、校长、老学者

D. 老学者因为自己的能力不足，向未被资助的同学道歉

4. 从课文中我们可以知道老学者________。

A. 45 年前出生在这个村庄

B. 认为没有坏孩子

C. 当年功课好，受到老华侨资助

D. 以后可以成为华侨

三 根据文章内容和给定的词语，介绍一下文中的捐款仪式，包括捐款仪式的时间、地点、参加的人、哪些事情、气氛怎么样

仪式　举行　参加　满　热闹　致辞　发言　道歉　响起　掌声

时间：……………………………………………………………………

地点：……………………………………………………………………

参加的人：………………………………………………………………

哪些事情：………………………………………………………………

……………………………………………………………………………

气氛怎么样：……………………………………………………………

……………………………………………………………………………

阅读（二）

你喜欢吃哪些中国菜？你会做吗？你会邀请朋友来家里聚会，并亲自给他们做饭吗？

洋丈夫与中国菜

我的丈夫是个老外，喜欢称自己是个“中国通[1]”。小学时，他最好的朋友叫彼得，父母是中国移民[2]，开了一家中国餐馆。彼得的父母经常主动[3]热情地留他吃饭，他从此对中国菜的热爱一发不可收拾[4]，对中国的美食充满了向往。

而今，他来到中国，对中国菜的热爱依旧不减。每次去书店，他都会留意有关中国饮食的书。回到家，他把这些书随意[5]散落[6]在房间的各个角落，无论走到哪里，都可以随手拿来。甚至睡觉前他也会拿起关于中国菜的书，认真地看上几页。

除了看书，丈夫还利用特定的网站和多媒体学习中国菜的知识。有一次，在网上看到一位非洲的朋友称自己会做正宗[7]的“宫保鸡丁”，他也很想试试。于是，他从超市买来一大包已切好的鸡肉，连骨头带肉倒进滚烫[8]的油锅里，又扔进去一大把通红的辣椒，拿来一把大勺子在锅里翻来翻去，叮叮当当，忙得团团转。可后来猛然发现，他做

1. 中国通（名）zhōngguótōng: 对中国很熟悉的外国人。
2. 移民（名）yímín: 到外国或外地生活并落户的人。immigrant
3. 主动（形）zhǔdòng: to be on the initiative; to be of one's own accord
4. 一发不可收拾 yì fā bù kě shōushi: 事情从一开始就迅速发展，没有办法停止。
5. 随意（形）suíyì: 随便。casual
6. 散落（动）sǎnluò: 分散地放置。to scatter
7. 正宗（形）zhèngzōng: 地道的，真正的。genuine
8. 滚烫（形）gǔntàng: 温度很高。scalding

的不是“宫保鸡丁”，倒是歪打正着[9]，做成了“辣子鸡”。“不管怎么样，都属于川菜吧。”丈夫安慰自己说。

还有一次，我刚进家门，发现丈夫沮丧[10]地坐在沙发上，朝我举着一根手指，上面缠着胶布[11]，“我真的不相信，她怎么能做到那样呢？”我顿时明白了，前几天在电视上看到山东有一位女厨师，能在丝绸[12]上切肉，肉切得像丝一样细，而丝绸一点儿没破。我安慰他：“人家练了二三十年才有了这刀功[13]，你慢慢来，不要着急嘛。”

丈夫喜欢以吃会友[14]，经常邀请朋友来家里聚会。他会想各种办法，弄出一顿盛宴来。上次来参加聚会的是一些刚来中国不久的朋友，家里充满了热闹的气氛。他决定要露一手[15]，可是做饭时，忙中出错，把糖当成了盐。他随即用糖和醋加些湿面粉，做成汁儿，浇在烧好的菜上，一道美味的菜瞬间出锅了，被大摇大摆地端到饭桌上。有的朋友纳闷儿[16]这是什么菜，有的赶紧拿筷子尝菜的味道，有的很想知道菜的名字。“这是

9. 歪打正着 wāidǎ-zhèngzháo: 本来出了错，但是得到满意的结果。to hit the mark by a fluke

10. 沮丧（形）jǔsàng: 心情差、灰心失望。dejected; depressed

11. 胶布（名）jiāobù: adhesive plaster

12. 丝绸（名）sīchóu: silk

13. 刀功（名）dāogōng: 做饭时使用刀的水平。slicing skill

14. 会友 huì yǒu: 与朋友见面、认识朋友。to meet friends

15. 露一手 lòu yìshǒu: 显示自己的能力。to show

16. 纳闷儿 nà mènr: 不明白。to feel puzzled

西湖糖醋鸡。”丈夫脸不红心不跳地说。听到他编[17]的菜名，我在一旁偷偷地笑。幸亏朋友们没有去过杭州，不知道怎么回事。

几天后，朋友从杭州给他打来电话，在电话里大嚷[18]：“为什么这里饭店的服务员都说，没听说过西湖醋鸡，只知道西湖醋鱼？”

哦，可怜的朋友。

（选自《北京晨报》2009年11月13日，［美］绿叶，有改动）

17. 编（动）biān: 凭想象创造（故事、谎话等）。to make up

18. 嚷（动）rǎng: 大声喊叫。to shout

练习 Exercises

一 判断正误

☐ 1. 我丈夫上小学时就喜欢上了中国菜。
☐ 2. 丈夫喜欢通过书籍、网站等了解更多中国菜的知识。
☐ 3. 丈夫最初打算做的是“辣子鸡”，而不是“宫保鸡丁”。
☐ 4. 丈夫在学习山东女厨师切肉的时候，把手切破了。
☐ 5. 丈夫邀请大家来，是为了给大家做“西湖糖醋鸡”。

二 根据文章内容，选择正确答案

1. 关于我的丈夫，说法正确的是________。
   A. 父母是中国移民，开了家饭馆
   B. 喜欢在彼得吃完饭时，去他家学习英文
   C. 帮助彼得学习英文，是为了能够吃到中国菜
   D. 自认为是一个“中国通”

2. 在中国，丈夫________。
   A. 对中国菜的热爱减少了　　B. 向他的非洲朋友学做中国菜
   C. 通过书籍、网络等学习中国菜的知识　　D. 书籍摆放整齐

3. 关于“宫保鸡丁”，我丈夫________。
   A. 不小心做成了“辣子鸡”
   B. 跟他以前的非洲朋友学的
   C. 从超市买来一只大活鸡自己做
   D. 按照书上的方法试着做

4. 看到那位山东女厨师的表演后，丈夫________。
   A. 也喜欢在丝绸上切肉了
   B. 可以把肉切得跟丝一样细
   C. 不明白她的刀功为什么那么厉害
   D. 被女厨师不小心切到了手指头，感到很沮丧

5. 那天聚会上，丈夫________。
   A. 说谎时，立刻被大家发现了
   B. 想向大家展示一下他做饭的手艺
   C. 不认识糖和盐，出错了也没有发现
   D. 一开始就决定给朋友做一道杭州菜

三 根据文章内容和给定的词语，写一写“丈夫”组织的聚会情况，包括聚会的时间、地点、参加的人、哪些事情、气氛怎么样

参加　充满　气氛　有的……，有的……，有的……

时间：……………………………………………………

地点：……………………………………………………

参加的人：………………………………………………

哪些事情：………………………………………………

……………………………………………………………

气氛怎么样：……………………………………………

……………………………………………………………

一 热身活动

请回忆一下你最近参加的典礼，包括开学典礼、毕业典礼、结婚典礼、开业典礼、颁奖典礼、开幕式、闭幕式等，说说当时的时间、地点、参加人员、典礼的场景以及你的心情和感受。

二 写作任务

[任务 1] 典礼的基本情况

学一学

	句式	例句
时间	时间定在……	毕业典礼的时间定在7月7日晚上八点。
	在+时间词语	奥运会开幕式在2008年8月召开。
	（时间）举行了……	上午10点钟在百年讲堂举行了开学典礼。
地点	地点定在……	地点定在市中心的教堂。
	在+地点词语+举行	颁奖典礼在阳光大厅举行。
人员	出席……	出席本次典礼的有校长、教师和全体学生。
	……参加……	我今天要参加我最好的朋友的婚礼。
	……举行了……	新郎新娘在京北酒店举行了结婚典礼。

练一练

使用 [任务 1]“学一学”中提供的句式，根据下面表格里的信息，介绍这三个典礼的时间、地点、人员。

场合	时间	地点	人员
运动会开幕式	2017.10.01	国家体育中心	运动员、体育爱好者、赞助商
颁奖典礼	08.09（周一）	世纪大礼堂	颁奖嘉宾、获奖者
结婚典礼	2018.01.01	东海大酒楼	新郎新娘、双方的亲戚和朋友

[任务 2] 典礼的场景

学一学

句式	例句
充满了……的气氛	奥运会开幕式召开时，全国充满了喜庆的气氛。
显得……	整个会场坐满了人，显得格外热闹。
有的……，有的……，有的……	拍照时，有的拿着学位证书，有的捧着鲜花，有的拿着毕业论文。
为了纪念……	为了纪念这难忘的时刻，大家开始拍照留影。
……致辞，……	国际奥委会主席首先致辞，祝愿奥运会顺利举行。
向……致辞	开业典礼上，老板向朋友们致辞表示感谢。
纷纷	典礼开始之前，大家纷纷走进会场。
好像 / 仿佛	领奖品的时候，我心里好像喝了蜜一样甜。
（像）……似的	新娘打扮得像一朵花似的。
看起来……	这次典礼看起来规模很大。

练一练

使用 [任务 2]“学一学”中提供的句式，回忆一下你印象最深的一次毕业典礼，完成下面的问题。

（1）毕业典礼开始前是什么样子？

……………………………………………………………………

（2）毕业典礼由哪几个部分组成？

……………………………………………………………………

（3）在典礼上，什么人讲了什么话？

……………………………………………………………………

（4）典礼结束后，会场又是什么样子？

……………………………………………………………………

[任务 3] 典礼中的感受

学一学

句式	例句
动词 / 形容词 + 得 + 补语	他高兴得手舞足蹈。
没想到……	没想到今天我也能拿到奖学金，真是一个惊喜。
心情……	我的心情格外激动。
感到……	颁发学位证书时，每个人都感到无比的兴奋。
脸上挂着……笑容	新郎新娘脸上挂着幸福的笑容。
不由自主地……	开幕式的精彩表演让人不由自主地发出惊叹。
禁不住……	老校长的话让大家禁不住笑了起来。
心里……	听了他的话，我心里很不舒服。
能……该多……啊	看到别人站在领奖台上，我想，要是我也能像他们这样该多好啊。

练一练

使用 [任务 3]“学一学”中提供的句式，完成下面的问题。

（1）假如今天你要参加开学典礼，你的感受是什么？

………………………………………………………………………………

（2）假如现在你正在参加颁奖典礼，作为获奖者之一，你的心情怎么样？

………………………………………………………………………………

（3）假如今天你参加了最好朋友的婚礼，你会有什么感受？

………………………………………………………………………………

三 实战练习

1. 范文欣赏

我的毕业典礼

今天我要参加我的毕业典礼，典礼的时间定在上午九点，地点在校园西北角的世纪礼堂里。出席这次典礼的人员有：校长以及其他领导、各个学院的老师、全体毕业生以及部分毕业生的家长们。

典礼开始之前，大家有说有笑，纷纷走进了会场。不久，整个礼堂就坐满了人，显得非常热闹，充满了欢乐的气氛。

时间到了，主持人宣布典礼正式开始，会场马上响起了热烈的掌声。典礼由四部分组成：校长致辞、老师代表致辞、学生代表致辞、颁发证书等。

校长和老师代表在致辞中，祝贺毕业生们圆满完成了学业，肯定了他们取得的优异成绩，并祝愿他们拥有美好的未来。接下来，学生代表向大家致辞，感谢学校对毕业生的培养，希望以后走上社会能继续努力给母校增光，并祝母校的明天更美好。

最后举行了优秀论文的颁奖仪式，校长把获奖证书一一递到每位获奖者手里，并表示祝贺。作为获奖者之一，我感到非常荣幸。

典礼结束之后，大家穿着学位服，戴着学位帽，纷纷拍照留念，有的手拿毕业论文，有的手持学位证书，有的怀里抱着一束鲜花。大家有说有笑，看起来非常兴奋。

毕业典礼之后，我走出礼堂，感到很高兴，同时也感到非常留恋，因为典礼的结束意味着我将要离开这个美丽的校园。要是能在这里再多呆上几年该多幸福啊！

2. 完成初稿

阅读《博雅汉语·中级冲刺篇Ⅱ》第1课《中国公学十八年级毕业赠言》，假设你是毕业生，参加了这次毕业典礼，请使用“学一学”的句式，写一篇500字的作文。你可以从以下几个方面写一写：

（1）毕业典礼的基本情况（时间、地点、人员等）；

（2）毕业典礼的场景；

（3）毕业典礼后，你的感受。

3. 修改

（1）自己修改

①标出“学一学”中提到的词语和句式；

②标出自己没有把握的地方。

（2）交换修改

①检查同学的作文，标出错误的地方并加以改正；

②标出值得学习的地方，并试着运用到自己的作文中。

四 定稿

请把修改后的作文写在作文纸上。

第2课 来龙去脉

阅读（一）

请一定相信，孩子是上帝给你的最好礼物，遇到了孩子就是遇到了人间美好的爱。

上帝的礼物

大学时的好友假期旅游，顺路[1]来我家，就在家中住了几天。正好遇上老公出差、孩子生病，我忙得不可开交[2]。整整一周下来，朋友感慨[3]地说："看见你单薄的身影，以及束手无策、忙忙碌碌的样子，我的感受是——往后绝不要孩子。"

我猛然一愣："你都看见什么了？"她同情地说："看见你一日三餐洗煮烧煎，比保姆还辛苦；看见你冒着风雨，又接送孩子上学，又忙工作，几乎变成了机器人；看见孩子生病时，你内心那么的恐惧和彷徨，像个肩负重担的苦役犯；还看见你黯淡的脸色和逐渐苍老的皮肤，看见岁月吞噬着你的年华。"

我说："你什么都看见了，可是唯独没有看见我的开心和幸福。亲情就像来自天堂

1. 顺路（副）shùnlù: 顺着路线去（别的地方）。by the way
2. 不可开交 bùkě-kāijiāo: 无法解决或结束。hard to resolve
3. 感慨（动）gǎnkǎi: 由外界事物影响而发出的感叹。to sigh with emotion

的阳光照耀着人的心灵。”

儿子刚上幼儿园时，第一次在幼儿园吃鸡翅，才两岁半的他，晚上带回自己的那份鸡翅要和我一起吃。至今我依旧记得，他津津有味[4]地吮吸[5]那半截鸡骨头的馋样儿[6]。而后每想起他衣服上留下的那片油渍[7]，我心里就会充满感动。朋友若有醒悟，眼里不再闪烁戏谑[8]的光芒[9]。

平时在路上走，儿子像个小男子汉[10]一样，喜欢挑起保护我的任务。他说：“妈妈是近视眼[11]，我是千里眼，我来保护你。”过马路时，他伸手护送，仿佛我是至[12]尊至贵的女王，所有的人都得谦恭[13]礼让[14]。

去年五月的一个中午，儿子很晚没回来，我有点儿牵挂，就去找他。路上，槐花[15]开得雪白[16]雪白的，香气扑鼻。我发现，儿子站在路边，呆呆地看着槐花，他对我说：“今天是母亲节，很遗憾我没能买到康乃馨[17]，于是我就来到了这里。我想把这里槐花盛开的美丽送给你。”望着这一路盛开的槐花，我知道，我从未收到过如此美好的礼物。朋友的眼睛变得湿润[18]。

我对朋友说：“对于生活中的辛苦，我都能泰然处之，从容面对。因为有了孩子，我内心就多了一份企盼，多了一份信念，不再感到踟蹰和孤独。”朋友郑重[19]地点了点头，说：“孩子确实[20]是上帝送给你的最好的礼物。”

（选自《读者》2008年第1期，刘继荣，有改动）

4. 津津有味 jīnjīn-yǒuwèi: 吃得很香的样子。
5. 吮吸（动）shǔnxī: to suck
6. 馋样儿（名）chányàngr: 非常想吃某种东西的样子。
7. 油渍（名）yóuzì: oil; paint
8. 戏谑（动）xìxuè: to prank
9. 光芒（名）guāngmáng: 向四面放射的强烈的光线。rays of light
10. 男子汉（名）nánzǐhàn: 勇敢的男人。real man
11. 近视眼（名）jìnshìyǎn: myopic eye; nearsightedness
12. 至（副）zhì: 最。
13. 谦恭（形）qiāngōng: 有礼貌的。modest and polite
14. 礼让（动）lǐràng: 有礼貌地让开。to give precedence to sb. out of courtesy
15. 槐花（名）huáihuā: 槐树的花。sophora japonica
16. 雪白（形）xuěbái: 像雪一样白。snow-white
17. 康乃馨（名）kāngnǎixīn: carnation
18. 湿润（形）shīrùn: 因心里难过或激动而眼含泪水。moist
19. 郑重（形）zhèngzhòng: 严肃认真。serious
20. 确实（副）quèshí: 的确。indeed

练习 Exercises

一 判断正误

- [ ] 1. 朋友来我家时，我老公出差了，儿子生病了。
- [ ] 2. 看到我很辛苦，朋友决定不要孩子。
- [ ] 3. 儿子上小学时，从学校里带来鸡翅给我吃。
- [ ] 4. 儿子是近视眼，但是过马路时仍然保护我。
- [ ] 5. 母亲节，儿子买了康乃馨送给我。
- [ ] 6. 我觉得孩子给我带来了幸福和快乐。

二 根据文章内容，填写下面的表格

时间	事情	我的感受	朋友听后的表现
	给我带来鸡翅		
过马路时			
去年		这是最好的母亲节礼物	

三 根据文章内容，使用给定的词、短语和句式，分别写一段话，字数为：50—100字

1. 上幼儿园　吃鸡翅　津津有味　馋样儿　而后　每……就……

……………………………………………………………………

……………………………………………………………………

2. 走路　像……一样……　挑起……的任务　近视眼　仿佛　至尊至贵

……………………………………………………………………

……………………………………………………………………

3. 牵挂　雪白雪白的　呆呆　遗憾　望着　从未……过……

……………………………………………………………………………………

……………………………………………………………………………………

阅读（二）

我们都不喜欢说谎的人，可是善意的谎言有时是非常感人的……

特别的房客

我想出租一套房子，广告[1]刚登[2]出来，电话就响了，是一个嗓音[3]有些沙哑[4]的中年男人。

"我想租你的房子。"

"可以呀！"我说，"一个月800块，至少租一个月。房子80平方米，两室一厅，有家具，还有电话、空调、电视机、洗衣机，800块钱不算贵。你租多长时间？"

"我租半个月，行吗？"

我愣了一下，说："这样好像不可以，对不起。"于是就把电话挂了。

挂了电话没有5分钟，电话又响了。我听了听，还是他。"怎么了？你怎么净捣乱[5]？"我笑着说。

"不是不是，"他解释着，"我有特殊情况。"

1. 广告（名）guǎnggào: 向公众介绍商品或服务等的一种方式。advertisement
2. 登（动）dēng: 在报纸等媒介上刊载。to publish
3. 嗓音（名）sǎngyīn: 说话的声音。voice
4. 沙哑（形）shāyǎ: 声音不清楚。raucous
5. 捣乱 dǎo luàn: 给别人添麻烦。to make trouble

“租房子只租半个月，太费事[6]了。你如果想租半个月，租金只能1000块。”

这次是他放了电话，放电话之前，他还说了一句对不起。

中午刚到单位，保安告诉我外面有人找我。我看到一个中年男人，很矮，腿有点儿拐，正一步步向我走来。他一开口打招呼，我就知道是那个打电话的人了。

“怎么？是来明察暗访吗？”我开玩笑道。

他说：“不是不是，我来找您，还是要租房子，只是财力有限[7]，只能租半个月。我有特殊情况。我媳妇和孩子要从乡下来，我一直告诉她们我住的房子很好，有电话、电视机，还有空调和洗衣机，她们从来没有用过。可是我现在租的房子条件特别差，她们住半个月就走，我要兑现我说的话。你要是能租给我，那就太感谢了。”

我听了心里酸酸的，他看起来像个粗人，没想到心思却很敏感[8]，一直对妻子隐瞒着自己的生活。

我交给他钥匙时，他塞给我400块钱，

6. 费事 fèi shì: 麻烦。to give or take a lot of trouble

7. 有限（形）yǒuxiàn: 数量不多。limited

8. 敏感（形）mǐngǎn: 感觉敏锐，反应很快。sensitive; susceptible

四张崭新[9]的票子，他说："这是用一块一块的零钱从银行换的，因为给你一大堆零钱毕竟不好。"我很感动，坚持[10]不收他的钱。

最终他们一家人欢天喜地地相聚[11]了，他的妻子总是一脸微笑，孩子很害羞[12]，不爱说话。他告诉妻子我是他的老客户[13]，也是他的房东。

半个月后，她们走了。他来还钥匙，顺便[14]带了土特产[15]表达[16]一点儿心意。后来每想起他，我就觉得世界上即使最寂寞[17]的角落，也有亲情的阳光，有亲情的地方就是天堂。

（选自《扬子晚报·B3 版》2007 年 6 月 4 日，原题《租房客》，有改动）

9. 崭新（形）zhǎnxīn: 非常新。very new
10. 坚持（动）jiānchí: 不改变。to insist on
11. 相聚（动）xiāngjù: 团聚。to get together
12. 害羞 hài xiū: 见陌生人时不好意思。shy
13. 客户（名）kèhù: client
14. 顺便（副）shùnbiàn: by the way; passingly
15. 土特产（名）tǔtèchǎn: 有地方特色的东西。
16. 表达（动）biǎodá: 把思想感情表示出来。to express
17. 寂寞（形）jìmò: 孤独。lonely

练习 Exercises

一 判断正误

☐ 1. 登了广告之后，一直没有人给我打电话。
☐ 2. 中年男人对家人隐瞒着自己的生活。
☐ 3. 一位中年男人亲自过来找我。
☐ 4. 我只打算出租半个月房子。
☐ 5. 我免费把房子出租给了他。

二 根据文章内容，选择正确答案

1. 我出租的房子________。

A. 是三室一厅的　　B. 不带任何家具
C. 有很多家电　　D. 只能让人住一个月

2. 为了租我的房子，中年男人________。
   A. 给我打了两次电话
   B. 来到我的单位明察暗访
   C. 最终答应了半个月交 1000 块钱
   D. 答应给我买电话、电视、洗衣机等

3. 中年男人只租半个月，是因为________。
   A. 租一个月太费事了
   B. 他要马上回乡下看妻子和孩子
   C. 妻子和孩子在城里只住半个月
   D. 他财力变好后，要租更好的房间

4. 中年男人________。
   A. 是一个粗心的人
   B. 希望房东能兑现自己的话
   C. 在银行工作，主要负责换零钱
   D. 没有告诉妻子和孩子自己真实的生活情况

5. 妻子和孩子从城里走后，中年男人________。
   A. 继续租这套房子
   B. 给我送来土特产表示感谢
   C. 来向我要钥匙
   D. 给了我四张崭新的票子

三 根据文章内容，使用下面的词、词组和句式，写写这个中年男人的外貌、生活以及其他事情

嗓音沙哑　矮　腿　拐　看起来　粗人　心思　敏感
隐瞒　兑现　要是……那……　票子　欢天喜地　土特产

外貌：……………………………………………………………………

……………………………………………………………………………

生活：……………………………………………………………………

……………………………………………………………………………

其他事情：..

....

写 作

一 热身活动

你印象最深刻的一件事情是什么？这件事情里有什么人？这些人的长相、衣着、性格、表情、动作等怎么样？这件事情的经过是什么样的？你对这件事情有什么感受？

二 写作任务

[任务 1] 介绍人物

学一学

	句式	例句
长相	长得…… 长着……	她长得高高的，身材很苗条，圆圆的脸上长着一双会说话的大眼睛。
		她长得又高又瘦 / 长得白白胖胖 / 长得很好看。
		她长着高高的鼻子 / 长着樱桃小嘴 / 长着一头又黑又亮的秀发。
衣着	动词（穿 / 戴 / 围……）＋着 A 像 B 一样	这个小女孩穿着一件粉红色的裙子，像芭比娃娃一样可爱。
		小伙子戴着鸭舌帽，鼻子上架着一副黑边眼镜，穿着破旧的牛仔裤。

（续表）

	句式	例句
性格	是（一）个……的＋名词	她是个爱说爱笑的小姑娘，笑起来的时候，脸上有两个小酒窝。
		张大妈是个爱管闲事的人，不管什么事情，她都要打听打听。
表情	动／形＋得＋补语	老张紧张得出了一头汗。
		小李吓得脸色苍白，嘴唇直打哆嗦。
		听了这个消息，她高兴得合不上嘴。
		考试没考好，小王难过得哭了起来。
动作	把＋名词＋动词	他把手插在裤兜里，走起路来摇摇晃晃。
		一进家门，我就把包往桌子上一扔，把鞋一脱，一屁股坐进沙发里。

练一练

根据下面的几幅图画各写五个句子，你可以考虑以下几个方面：人物的长相、衣着、性格、表情或者动作。

1.

....

....

....

....

2.

....

....

....

....

3.

……………………………………………………

……………………………………………………

……………………………………………………

……………………………………………………

[任务 2] 讲述事情的经过

学一学

时间	句式	例句
过去	……以前	很久很久以前，山里有个庙，庙里有个老和尚。
	……的时候	我五岁的时候，家里来了一个很奇怪的客人。
	记得有一次，……	记得有一次，我把钱包丢了。
	……年的春 / 夏 / 秋 / 冬天，	2008 年的夏天，北京举办了奥运会。
	…… 前的一天，……	三年前的一天，我认识了我的女朋友。
	……过去了，……	一个星期过去了，我还是没有见到他。
	后来，……	后来，我去了中国，开始了一种新的生活。
	……后，……	三天后，那只小花猫又回来了。
	在过去，……	在过去，婚姻的事情要听父母的。
现在	现在 / 目前，……	现在 / 目前，中国还是一个发展中国家。
	直到今天，……	直到今天，我还清晰地记得那件事情。
将来	将来，……	不久的将来，我就要成为一位科学家了。
	……（以）后，……	三年后，他会再回来的。

练一练

根据给出的时间表（假如今年是 2018 年），说一说小王的经历。你可以使用上面的句式，看谁用得最多。

时间	事情
1996 年	小王出生
三岁时	小王开始上幼儿园
2011 年夏天	考上高中
2014 年秋天	开始读大学，并认识了女朋友
三个月后	和女朋友分手
现在（2018 年）	小王大学本科四年级
三年后	小王希望成为一名公司经理，年薪五十万

[任务 3] 表达感受

学一学

句式	例句
记 / 背得 + 形容词	这件事情，我一直记得很清楚。
	这篇课文我已经背得很熟了。
下定决心要……	从此，我下定决心要学好汉语。
	我下定决心要减肥成功。
	我下定决心要改掉坏毛病。
心里……	我心里七上八下，不知道怎么办才好。
	我听了他的话，心里乐开了花。
	听了朋友的话，我心里有一种说不出的滋味。
感到……	看到那个情景，我感到后背发冷。
	来到中国，我感到很多方面都和想象的不一样。
	告诉朋友这件事后，他感到后悔了。

练一练

如果你遇到这样的事情，你心里什么感受？

A. 在地震中，朋友受伤了，……
B. 刚刚和男朋友 / 女朋友分手，……
C. 听说自己的 HSK 过了六级，……

三 实战练习

1. 范文欣赏

一件浪漫的事情

很久很久以前，有个姑娘叫祝英台，是个活泼可爱的女孩子。她个子高高的，脸上长着一双会说话的大眼睛，人人都说她既聪明又漂亮。有一天她想到外地读书，父亲不同意，因为在过去出去读书是男孩子的事情。祝英台急得团团转，不过她马上想到一个主意：女扮男装。最终，父亲不得不同意了。

在去杭州的路上，祝英台遇见一个长得很帅的年轻人，他就是梁山伯，到杭州去读书。于是，他们一起高高兴兴地去学校了。

两年过去了，他俩成了要好的朋友。突然有一天，祝英台收到父亲的信，说家里有急事，必须马上回家。

在送别的路上，他们遇到一口井，祝英台指着井水中两人的影子说："你看，我俩多像一对夫妻啊。"梁山伯听了以后不高兴："我们都是男人，你怎么说我们像夫妻一样呢！"后来祝英台又暗示了梁山伯几次，但是傻乎乎的梁山伯一直没有感觉出来。

祝英台走了以后，梁山伯十分思念她。在这个时候，师母告诉他："祝英台是个女孩子，她心里一直喜欢着你。"梁山伯高兴得跳了起来，他决定马上去祝家求婚。可是祝英台的父亲却让女儿嫁给一个有钱的大官的儿子。梁山伯十分伤心，回家不久，就得了重病死了。

祝英台很伤心，结婚那天，花轿经过梁山伯的墓时，下起了暴雨，祝英台跑到墓前痛哭起来。突然，墓打开了，祝英台一下子跳了进去，墓又合上了。

这时，雨停了，太阳出来了，一对美丽的蝴蝶从墓中飞了出来，在鲜花中飞舞。

直到今天，他们的浪漫故事还在广泛流传。

2. 完成初稿

请写一件事情，可以是难忘的、高兴的、幸福的、难过的、伤心的……作文不少于500字。

题目：一件________的事情

要点：

（1）人物的介绍；

（2）事情的经过；

（3）你对事情的感受。

3. 修改

（1）自己修改

① 标出“学一学”中提到的词语和句式；

② 标出自己没有把握的地方。

（2）交换修改

① 检查同学的作文，标出错误的地方并加以改正；

② 标出值得学习的地方，并试着运用到自己的作文中。

四 定稿

请把修改后的作文写在作文纸上。

第3课 时事调研

配套资料

阅读（一）

你知道什么叫“裸婚”吗？如果没房、没车、没钻戒[1]、没婚礼、没蜜月[2]、没存款，你会结婚吗？当今社会，为什么那么多90后的年轻人选择“裸婚”呢？请阅读下面的文章，相信你会找到答案。

现在“裸婚”正流行……

没房、没车、没钻戒，不办婚礼，不度蜜月，也不摆宴席[3]请客，简简单单地就把婚结了，这就是眼下流行的“裸婚”。裸婚族的年龄多在20至35岁之间，以90后居多。在“裸婚族”看来，领了结婚证就生活在一起，轻松自然。

1. 钻戒（名）zuànjiè: 钻石戒指。diamond ring
2. 蜜月（名）mìyuè: honeymoon
3. 宴席（名）yànxí: 请客的酒席。feast

两类年轻人选择“裸婚”

“裸婚”到底是因为什么呢？一类人是小有收入、思想前卫[4]的白领[5]。“结婚是两个人的事，办婚礼是给别人看的，既费钱又费时，还容易引发夫妻甚至双方家庭之间的矛盾[6]，完全没有必要。领了结婚证就在一起生活，感觉更轻松自然。”一位白领裸婚者这么说。

另外一类人则因为房价太高而选择“裸婚”。“我们是90后，上大学时教育[7]产业化[8]，毕业了碰上就业大潮[9]，买房子碰上高价商品房[10]，买汽车碰上油价上涨[11]，两人都是独生子女[12]，要养四个老人，等自己老了，还要靠社会保险[13]。如今到了结婚年龄，没房没车，怎么办？‘裸婚’就应运而生了呗。”这位裸婚者说话时显得非常无奈[14]。

“裸婚”到底幸福还是不幸福？

这个问题大家讨论得津津有味。

持幸福观点者认为“爱情饮水饱”。富有[15]而幸福的婚姻少见，富有而不幸的婚姻比比皆是。对婚姻来说，爱情最为重要，物质不能为爱情加分。每一对夫妻都在平淡[16]中相伴到老，清贫[17]的夫妇同样拥有幸福的权利[18]。

反对者则认为“贫贱夫妻百事哀[19]”。恋爱的时候可以不顾一切，但真正结婚了，生活中哪里不需要钱？柴米油盐[20]、水电费、衣服鞋帽、应酬[21]请客，生活会让你焦头烂额[22]，最起码也要有个房子吧，难道老婆怀

4. 前卫（形）qiánwèi: 领先潮流。avant-garde
5. 白领（名）báilǐng: 在办公室工作的人。the white collar
6. 矛盾（名）máodùn: 冲突。contradiction; conflicting
7. 教育（名）jiàoyù: education
8. 产业化（动）chǎnyèhuà: industrialize
9. 大潮（名）dàcháo: 大规模的人或事物。
10. 商品房（名）shāngpǐnfáng: commercial residential building
11. 上涨（动）shàngzhǎng: 上升。to rise
12. 独生子女 dúshēng-zǐnǚ: 唯一一个孩子。
13. 保险（名）bǎoxiǎn: insurance
14. 无奈（形）wúnài: 没有办法的样子。
15. 富有（形）fùyǒu: 有很多财产。rich
16. 平淡（形）píngdàn: 平常，普通。ordinary; insipid
17. 清贫（形）qīngpín: 贫穷。poor and virtuous
18. 权利（名）quánlì: right
19. 贫贱夫妻百事哀 pínjiàn fūqī bǎi shì āi: 贫穷的夫妻生活中会遇到很多困难。poor and lowly couple with misery
20. 柴米油盐 chái-mǐ-yóu-yán: 一日三餐所必需的东西，也指生活必需品。
21. 应酬（动）yìngchou: to treat with courtesy; to have social intercourse
22. 焦头烂额 jiāotóu-làn'é: 不知道怎么办才好。

孕了还要挺着大肚子去找房子？一张薄薄的结婚证承受[23]不了生活的种种压力。

专家看“裸婚”

学者夏学銮（luán）认为，“裸婚族拥有不同的婚姻观念。”中国人从骨子里好面子，为了攀比[24]，讲究排场，婚礼的形式层出不穷。比如一顿婚礼菜肴就要包括各类菜系，让亲朋好友品尝尽五花八门的佳肴。这种奢侈[25]的做法曾经风行一时，但引起了一些年轻人的不满，他们拥有不同的婚姻观念，希望结婚方式越简单越好，因为任何结婚形式都万变不离其宗，都是为了婚姻幸福。

学者周孝正认为“结婚容易，离婚也容易”。现在结婚、离婚的门槛[26]低了，不像以前那么麻烦了。这就让年轻人想结就结，想离就离，这样很不好，婚姻的重要性被冲淡了，“裸婚”的多了，离婚的自然也就多了。

（选自《北京晨报》2009年12月23日，原题《“三没一不”去“裸婚”》，周怀宗，有改动）

23. 承受（动）chéngshòu: 接受承担。to bear; to endure

24. 攀比（动）pānbǐ: 不考虑自身情况，盲目地跟高水平的比较。to compare unrealistically

25. 奢侈（形）shēchǐ: 浪费金钱，过分追求享受。luxurious

26. 门槛（名）ménkǎn: 比喻做某事的条件或标准。threshold

练习 Exercises

一 判断正误

☐ 1. 很多90后的年轻人选择“裸婚”。

☐ 2. 白领选择“裸婚”主要是想避免双方家庭的矛盾。

☐ 3. 持“裸婚”幸福观点的人认为婚姻重要的是爱情，不是物质。

☐ 4. 学者夏学銮认为“裸婚族”拥有不同的婚姻观念。

☐ 5. 学者周孝正支持“裸婚”的观念。

二 根据文章内容，选择正确答案

1. 白领选择“裸婚”的理由不包括________。
   A. 结婚不是给别人看的
   B. “裸婚”是双方家庭的建议
   C. 办婚礼浪费时间和金钱
   D. 领证后就生活，更轻松自然

2. 选择“裸婚”的人________。
   A. 想等汽油降价了再买车
   B. 认为90后一代人总是赶不上好时候
   C. 结婚后想要独生子女
   D. 打算买了社会保险再买房买车

3. “裸婚”到底能不能幸福，________。
   A. 持幸福观的人认为“裸婚”可以变得富有而幸福
   B. 持幸福观的人认为“裸婚”可以为爱情加分
   C. 反对者认为“裸婚”让贫贱的夫妻不顾一切
   D. 反对者认为“裸婚”不能解决生活中的各种问题

4. 从专家的角度来看，下面说法正确的是________。
   A. 夏学銮反对“裸婚族”，因为他们从骨子里好面子
   B. 周孝正反对“裸婚族”，因为“裸婚族”认为结婚更加重要了
   C. 夏学銮支持“裸婚族”，因为他们要改变不良的婚姻观念
   D. 周孝正支持“裸婚族”，因为社会要降低结婚的门槛

三 根据文章内容和给定的词语，完成下面的段落

1. 居多　婚礼　眼下　蜜月　“裸婚”　请客　年龄

没房、没车、没钻戒，不办________，不度________，也不摆宴席________，简简单单就把婚结了，这就是________流行的________。裸婚族的________多在20到35岁之间，以90后________。

2.

面子　五花八门　层出不穷　菜肴

风行一时　品尝　万变不离其宗　引起

学者夏学銮认为，中国人从骨子里好________，为了攀比，讲究排场，婚礼的形式________。比如一顿婚礼________就要包括各类菜系，让亲朋好友________尽________的佳肴。这种奢侈的做法曾经________，但________了一些年轻人的不满，他们拥有不同的婚姻观念，希望结婚方式越简单越好，因为任何结婚形式都________，都是为了婚姻幸福。

阅读（二）

你一年能看几本书？你经常去书店买书或去图书馆借书吗？网络阅读和书本阅读，你更喜欢哪一个？

“读书”不如“上网”？

一些长期关注[1]大学生阅读的专家[2]说：“大学生现在习惯从网上获取[3]知识，不再喜欢书本阅读了，阅读表现出网络化、肤浅[4]化倾向，这种现象让人担忧[5]。”

在校大学生王明说：“早就不看书了，一年能看一本就不错了。眼下在网上什么都可以看到，为什么要去书店和图书馆呢？”

通过对一些大学生的调查[6]，发现网络阅读、手机阅读对大学生的影响很大，他们对眼下网上流行的小说或热门帖子[7]动不动就能说出很多。但是大学生对于古今中外的

1. 关注（动）guānzhù: 关心注意。to care about
2. 专家（名）zhuānjiā: 在某一领域有专门技能的人。expert
3. 获取（动）huòqǔ: 得到。to get
4. 肤浅（形）fūqiǎn: 不深刻。superficial
5. 担忧（动）dānyōu: 担心。to worry
6. 调查（动）diàochá: 为了了解情况进行考察。to investigate
7. 帖子（名）tiězi: note (on forum)

优秀书籍关注却不多，更多的大学生沉浸[8]在学习英语的工具书[9]中。

就读于中南大学会计[10]系的学生张静是目前为数不多的保持高阅读量的大学生，她平均一年看20至30本书，包括文学、历史、心理、财经[11]等。她认为，书本阅读对大学生来说是必不可少的。她也承认，在眼下的大学里，达到她这种阅读量的学生还是非常少的。

专家指出，无论是网络阅读还是传统[12]书本阅读，更为重要的是大学生在读什么，而不是他们通过什么方式阅读。眼下的大学生阅读一方面过于实用功利[13]，另一方面忽略[14]了对古今中外优秀书籍的涉猎[15]。

大学生阅读水平下降，这是个不争[16]的事实，也是一直被人们谈起的话题。不少人认为社会的浮躁[17]以及网络阅读对书本阅读的冲击[18]造成了这一现象。复旦大学社会学系张教授认为，文理分科[19]也是造成这一现象的原因之一。文科生[20]由于专业的要求，会保持一定的阅读量，而理科生[21]忙于自己

8. 沉浸（动）chénjìn: to forget oneself in; to be steeped in
9. 工具书（名）gōngjùshū: a reference book
10. 会计（名）kuàijì: accounting
11. 财经（名）cáijīng: finance
12. 传统（形）chuántǒng: 世代相传的。traditional
13. 功利（形）gōnglì: 追求眼前的利益。material gain
14. 忽略（动）hūlüè: 没有看到或想到，没有注意到。to ignore
15. 涉猎（动）shèliè: 接触。to read or study cursorily
16. 不争（形）bùzhēng: 不用争论。undisputed
17. 浮躁（形）fúzào: 急躁。impatient and impetuous
18. 冲击（动）chōngjī: 一事物对另一事物的干扰。to attack; to strike against
19. 文理分科 wénlǐ fēn kē: 文科与理科分开。文科，the liberal arts；理科，science
20. 文科生（名）wénkēshēng: 学文科的学生，如历史、文学等。
21. 理科生（名）lǐkēshēng: 学习理科的学生，如物理、化学等。

的专业，没有时间读书。因此，大学生阅读水平下降的现象在理科生中更加严重。

网络阅读和书本阅读是完全不同的，前者永远无法取代[22]后者。

（选自《新华每日电讯》2008年8月21日，原题《"破万卷书"不如"点鼠标"》，孙丽萍、王钊，有改动）

22. 取代（动）qǔdài: 代替。to replace

练习 Exercises

一 判断正误

☐ 1. 大学生王明认为没有必要再去书店或者图书馆。
☐ 2. 大学生动不动就能说出很多古今中外的优秀书籍。
☐ 3. 在眼下的大学里，像张静这样阅读大量书籍的人还真不多。
☐ 4. 专家认为阅读内容不重要，重要的是阅读形式。
☐ 5. 阅读水平下降的现象在理科生中更为明显。
☐ 6. 网络阅读和书本阅读的作用是完全一样的。

二 根据文章内容，选择正确答案

1. 专家的担忧不包括下面的哪一项？大学生________。
   A. 习惯网络阅读
   B. 不习惯书本阅读了
   C. 阅读的东西太肤浅了
   D. 关注古今中外的优秀书籍

2. 现在的大学生喜欢________。
   A. 利用各种各样的工具书
   B. 在网上看古今中外的优秀书籍
   C. 书本阅读，但只会一年看一本
   D. 看网上流行的小说和热门帖子

3. 关于大学生张静，说法正确的是________。
A. 她的专业是会计学和文学
B. 她认为书本阅读是必不可少的
C. 达到她这种阅读量的学生不少
D. 她只喜欢阅读与专业有关的书籍

4. 大学生阅读水平下降的原因不包括________。
A. 书本质量的下降
B. 文理分科的影响
C. 受浮躁社会的影响
D. 网络阅读冲击书本阅读

三 根据文章内容和给定的词语，完成下面的段落

习惯　书本　阅读　网络　重要
担忧　方式　眼下　实用　优秀　传统

一些关注大学生________的专家认为，大学生________网络阅读，不再喜欢________阅读，阅读表现出________化、肤浅化倾向，这种现象让人________。

专家指出，无论是网络阅读还是________书本阅读，更为________的是大学生在读什么，而不是通过什么________阅读。________的大学生阅读一方面过于________功利，另一方面忽略了对古今中外________书籍的涉猎。

写 作

一 热身活动

表格、柱形图、折线图和饼状图，你经常使用哪些？遇到一些图表，你如何分析图表中的数据？

二 写作任务

[任务 1] 图表的总体情况

学一学

句式	例句
如图所示，……	如图所示，在 6 年的时间里，东部地区汽车销售情况发生了巨大的变化。
该图揭示了……	该图揭示了 90 后的婚姻状况。
该柱形图向我们展示了……	该柱形图向我们展示了大学生课余时间阅读习惯的总体特点。
该图为我们提供了关于……的有用数据	该图为我们提供了关于今年大学生就业情况的有用数据。
这个曲线图描述了……的趋势	这个曲线图描述了近些年财政收入增长的趋势。
数字 / 数据表明，……	数字 / 数据表明，今年公司业绩好于去年。
该数字（数据）可以这样解释，……	该数字（数据）可以这样解释，大学生课余时间增加了，但读书时间并没有增加。
根据这些数字（数据），……	根据这些数字（数据），我们认为今年就业形势总体向好。
从表格来看，……	从表格来看，该地区的汽车销售情况总体良好。
从图中可以看出，……发生了巨大变化	从图中可以看出，近年来该地区人们的收入发生了巨大变化。

（续表）

句式	例句
从图表中我们可以清楚地看到，……	从图表中我们可以清楚地看到，今年的销售情况不容乐观。
图中的数据表明，……	图中的数据表明，人们还没有完全接受裸婚的观念。
该表格描述了……年到……年间a与b的比例关系	该表格描述了2016年到2017年间收入与就业情况的比例关系。
该图以柱形图的形式描述了……的总趋势	该图以柱形图的形式描述了近年来我公司汽车销售的总趋势。
如图所示，两条曲线描述了……的波动情况	如图所示，两条曲线描述了商品供求的波动情况。

练一练

某地区汽车的销售情况通过图表一、图表二、图表三反映了出来，请使用[任务1]“学一学”中提供的句式，写写该地区的汽车销售总体情况，比如这三个图表显示了什么，哪段时间的，东部与西部汽车销售量是否一样等。字数为50—100字。

图表一　某地区东西部汽车销售统计表

单位：万辆

	2003年销售量	2005年销售量	2007年销售量	2009年销售量	合计	
					销售量	比例（%）
东部	50	90	150	80	370	55.22
西部	70	75	80	75	300	44.78
合计	120	165	230	155	670	100.00

图表二　某地区东西部汽车销售量分布图

单位：万辆

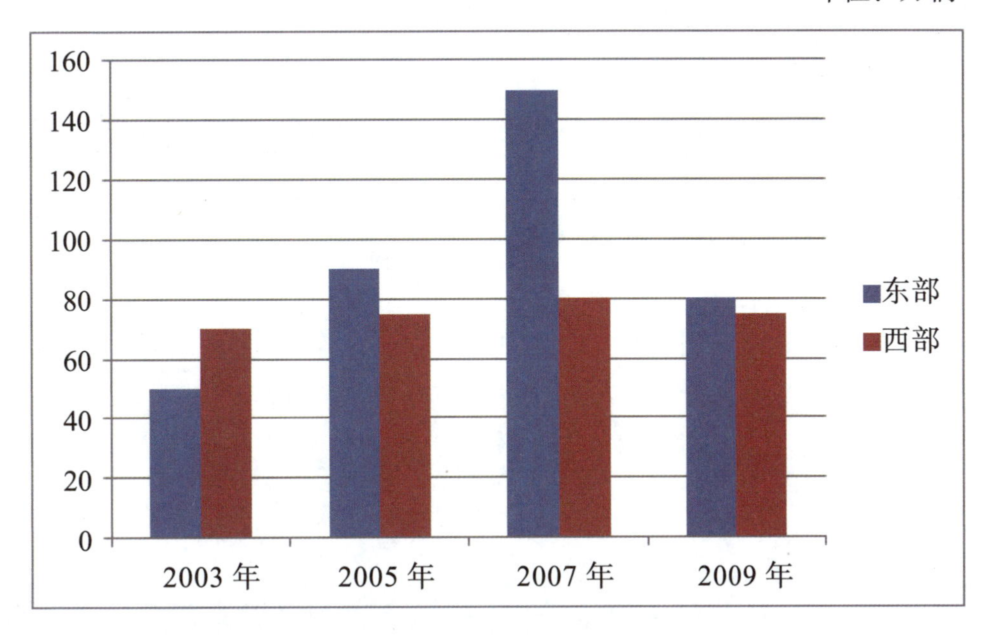

图表三　某地区东西部汽车销售量分布图

单位：万辆

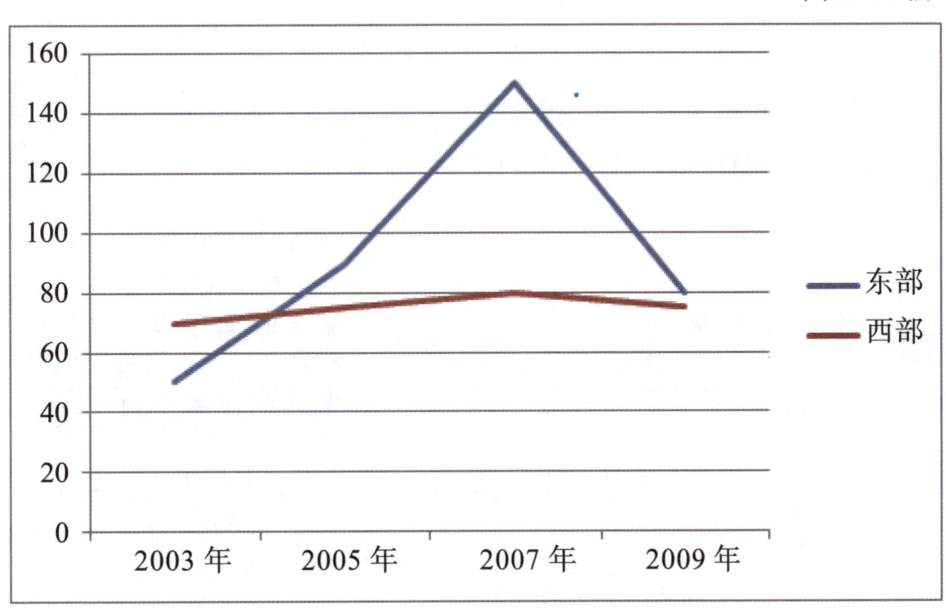

[任务 2] 图表的分析

学一学

	句式	例句
增加、减少、波动	（数字）急剧上升至……	临近新年，苹果的价格急剧上升至40元/公斤。
	……在……月（年）达到了顶点，为……	公司汽车销售量在12月达到了顶点，为219,876辆。
	……个月后，……又回落到最低点，为……	3个月后，汽车销售量又回落到最低点，为28,475辆。
	从……到……期间，……的数量有轻微的波动	从5月到7月期间，汽车销售的数量有轻微的波动。
	……逐年减少，而……逐步增加	大学生书本阅读量逐年减少，而网络阅读量逐步增加。
	该图表说明了……的数量增长了三倍	该图表说明了网络阅读的数量增长了三倍。
	增长了××%	学生课余时间增长了20%。
	增长到××%	学生课余时间增长到120%。
	……呈上升/下降趋势	毕业生就业率呈上升趋势。
	从……到……上升/下降速度减慢	从3月到6月物价上升/下降速度减慢。
	从……年起，……逐渐上升/下降至……	从2017年起，裸婚率逐渐上升至22%。
	上半年，……波动很大	今年上半年，蔬菜价格波动很大。
	……年至……年……时间里，……基本维持不变	预计2017年至2019年两年时间里，居民生活费用基本维持不变。

（续表）

	句式	例句
对比数据	……的数量（比重）比……的数量（比重）略高	网络阅读的数量（比重）比书本阅读的数量（比重）略高。
	……与……的区别不大	国产大米与进口大米的口感区别不大。
	……与……之间有许多相似 / 不同之处	书本阅读与网络阅读之间有许多相似之处。
	……与……的差别在于……	书本阅读与网络阅读的差别在于阅读介质的不同。
	与……相比，……占有更大的比例	与书本阅读相比，网络阅读占有更大的比例。
	占比重最大的是……	占比重最大的是网络阅读。
	……仅次于……	书本阅读数量仅次于网络阅读。
	……占的比重最高，紧随其后的是占……的……和占……的……	生活费用上，旅游费用占的比重最高，紧随其后的是占 30% 的食品费用和占 25% 的运动锻炼费用。
	占比重最高的是……，高达……	占比重最高的是旅游，高达 45%。
	……是……的……倍	旅游费用是食品费用的 1.5 倍。

练一练

使用 [任务 2]“学一学”中提供的句式，结合图表一、图表二、图表三，写一写该地区汽车销售情况的变化，包括在 6 年的时间里东部和西部各占多大比例，东部是怎么变化的，西部是怎么变化的，东部与西部的差别是什么。

[任务 3] 图表的结论

学一学

句式	例句
该图 / 表反映了……问题	该图 / 表反映了大学生择业出现的问题。
通过对以上数据的分析，我们认为……	通过对以上数据的分析，我们认为在校生的身体健康状况不容乐观。
这些数据可以理解为……	这些数据可以理解为年轻人更偏爱网络阅读。
这些数据令我们得出的结论是……	这些数据令我们得出的结论是越来越多的年轻人倾向于直接从网上下载音乐。
以上图表反映出这样一种规律，……	以上图表反映出这样一种规律，年龄越低，人们对裸婚的接受程度越高。
采取……措施	政府应该采取有效措施解决该地区的饮用水问题。

练一练

使用 [任务 3]“学一学”中提供的句式，写一写这几个图表中的数据所反映的规律或趋势，6 年的时间里东部汽车销售情况如何，西部如何，该地区总体情况如何。

三 实战练习

1. 范文欣赏

某地区汽车销售情况分析

这些图表描述了从 2003 年到 2009 年某地区东西部汽车的销售情况。从这些图表可以看出，该地区东西部的汽车销售量存在一些差异。

从上面的表格中，我们可以看出2003年到2009年，东部地区的汽车销售量占该地区销售总量的55.22 %，西部地区占44.78%。从折线图中我们可以看出，在6年的时间里，东部地区的汽车销售情况发生了巨大的变化。在2003年，销售量处于低谷，从2003年到2005年，数据呈上升趋势，在2007年达到了顶点，为150万辆，而2007年到2009年急剧下降了70万辆。西部地区的汽车销售量在6年的时间里有轻微波动，基本上维持不变，2003年到2007年逐步上升，到了2009年略有下降。

东部地区和西部地区的汽车销售情况有很多相似的地方：2003年到2007年东西部地区的汽车销售量逐步增加，2007年到2009年销售量下降。东部和西部最大的差别在于东部地区的汽车销售量比西部地区的波动剧烈，比如东部地区2007年的销售量是2003年的三倍，增加了100万辆，而西部地区2007年比2003年只增加了10万辆。

图表的数据反映了一些问题：第一，2007年到2009年由于受全球金融危机的影响，该地的汽车销售量开始下降；第二，总体上东部地区的汽车销售量变化剧烈，西部地区的汽车销售量稳定，东西部地区汽车行业的发展不平衡。从这些图表中，我们得出一些结论：政府要分析各地区的消费环境，采取一定的措施，制定不同的经济政策来促进东西部地区的汽车行业更快发展。

2. 完成初稿

某调查机构对大学生的课余时间进行调查，结果如下。

图表1　大学生课余活动及所用时间

单位：分钟 / 天

	做作业的时间	兼职的时间	玩电脑游戏的时间	体育锻炼的时间
大一	90	20	30	50
大二	70	60	60	40
大三	60	70	80	40
大四	10	200	50	20

图表 2　大学生各项课余活动时间

单位：分钟 / 天

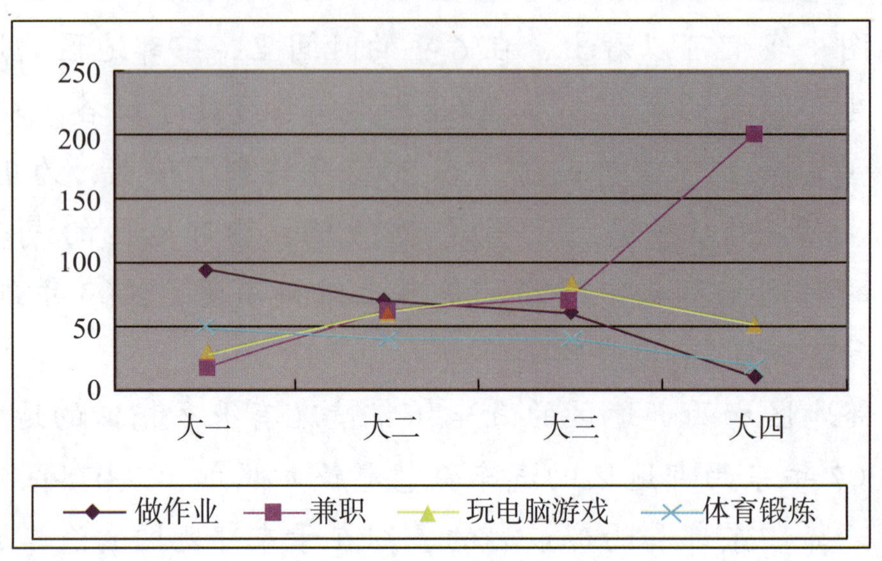

写作任务：

（1）根据图表 1 描述大学生课余时间的总体特点；

（2）根据图表 1 和图表 2 来分析各年级大学生课余活动的时间变化；

（3）针对图表 2 中的任何一项课余活动，谈谈你的看法；

（4）作文不少于 520 字。

3. 修改

（1）自己修改

① 标出“学一学”中提到的词语和句式；

② 标出自己没有把握的地方。

（2）交换修改

① 检查同学的作文，标出错误的地方并加以改正；

② 标出值得学习的地方，并试着运用到自己的作文中。

四　定稿

请把修改后的作文写在作文纸上。

第4课 走遍四方

配套资料

阅读（一）

你知道北京的中关村、王府井等地名是怎么来的吗？很多地名都有自己的故事，看了这篇文章相信你会有所了解。

北京地名的来历

北京作为中国的首都，是四个中央[1]直辖市[2]之一，全国的政治、经济、文化和交通中心。北京位于华北平原[3]北部，北京的东南部与天津相邻，其余被河北省围绕[4]。自从建城以来，北京有着3000多年的历史。截至[5]2016年底，全市拥有人口2173万。

在这个历史悠久的城市里，很多地名都有一定的来历[6]。

中关村

中关村原本是一片荒地，主要用作太监[7]的坟场，因为太监也叫“中官”的缘故，这里也叫作“中官坟”。清朝末年有人制作地图，由于“中官”表示太监的意思，不太好听，就把“中官坟”改为了“中关村”。

1. 中央（名）zhōngyāng: the central authorities
2. 直辖市（名）zhíxiáshì: 由中央直接管辖的城市。municipality directly under the Central Government
3. 华北平原（专名）Huáběi Píngyuán: North China Plain
4. 围绕（动）wéirào: 围在周围。to surround; to encircle
5. 截至（动）jiézhì: 截止到（某个时间）。by (a specified time); up to
6. 来历（名）láilì: 人或事物的历史或背景。background
7. 太监（名）tàijiàn: court eunuch

王府井

在古代，随着紫禁城[8]的建立，一些大官在这里建了很多王府，被称为“十王府”“王府街”。新中国成立以后，老百姓最为关心的是每天的吃喝住行。那时候，老百姓打不起水井，一般的井打出来的水都过于苦涩[9]，只能洗衣服、蒸饭，而饮用的水都是需要花钱去买的。当时街上会有人推着水车卖水，其实卖的水只不过味道没有那么苦涩而已。唯独王府西侧的一口水井是“甜水井”，甜水其实就是无色无味的水。从此，王府井就出名了。如今的王府井随处都是商铺[10]，成了“北京商业第一街”。

五棵松

清朝一个大官的坟墓周围用五棵古松树来镇守，坟墓周围方圆几十里都很荒凉[11]。当地的人以松树作为标志[12]，称这个地方为“五棵松”。

太阳宫

有个民间传说，清朝[13]乾隆[14]皇帝一次出去巡游，路过此地，正好早晨的太阳从东方升起，给整个村庄披上一层金色的光辉。乾隆皇帝被深深地吸引住了，认为这个地方是普天之下离太阳最近的地方，就把这个地方叫作“太阳宫”。

亮马河

东直门外有条小河，远来商人的马车队浩浩荡荡地来到这里，经常在河里洗刷风尘

8. 紫禁城（专名）Zǐjìnchéng: the Forbidden City

9. 苦涩（形）kǔsè: 苦。bitter and astringent

10. 商铺（名）shāngpù: 商店。shop

11. 荒凉（形）huāngliáng: 人少，冷清。bleak and desolate

12. 标志（名）biāozhì: 表明事物特征的记号。sign; mark

13. 清朝（专名）Qīngcháo: the Qing Dynasty

14. 乾隆（专名）Qiánlóng: title of the fourth emperor’s reign in Qing Dynasty

仆仆的马匹，洗完的马匹就在河岸上晾[15]干身体，故名"晾马河"，时间长了，就叫成"亮马河"了。

除此之外，北京胡同的名字也很有意思。南礼士路，在 20 世纪 40 年代叫"驴市路"；宝盖胡同原来叫"王八盖胡同"；珠市口大街，在清朝年间为"猪市口"；东郊的雅宝路叫作"哑巴胡同"；南城的奋章胡同，原名为"粪场胡同"……

在国际化的大都会中，这些胡同原来的名字实在不雅[16]，好在北京人不断更新[17]，给每个地方尽量取个响亮好听的名字。

15. 晾（动）liàng: 使……变干。to dry

16. 不雅 bù yǎ: 不好听、不好看。inelegant

17. 更新（动）gēngxīn: 除去旧的，换成新的。to update

练习 Exercises

一　判断正误

- [ ] 1. 在地理位置上，北京与三个省相邻。
- [ ] 2. 中关村最初是太监生前住的地方。
- [ ] 3. 以前从王府井里打出来的水是没有味道的。
- [ ] 4. 传说太阳宫是乾隆皇帝住的宫殿。
- [ ] 5. 由于马洗刷以后身体发亮，所以那条河就叫作"亮马河"。
- [ ] 6. 根据声音相似的特点，北京的很多胡同改了名字。

二　根据文章内容，写出下列地名的来历

1. 中关村：……………………………………

2. 王府井：……………………………………

3. 五棵松：……………………………………

4. 太阳宫：……………………………………………………………

5. 亮马河：……………………………………………………………

6. 雅宝路：……………………………………………………………

7. 珠市口大街：………………………………………………………

三 根据文章内容，用给定的词语介绍一下北京的情况

1. 北京的基本情况，包括北京的位置、历史、人口等。

位于　北部　与……相邻　被……围绕　有……的历史　拥有人口……

……………………………………………………………………

……………………………………………………………………

……………………………………………………………………

2. 北京的文化地位，包括城市的特别之处、重要性等。

首都　直辖市　之一　经济　中心

……………………………………………………………………

……………………………………………………………………

……………………………………………………………………

阅读（二）

你知道云南有一个城市叫大理吗？你去过云南大理吗？你知道大理“风花雪月”的传说故事吗？这篇文章会让你了解更多关于大理的情况。

大理的"风花雪月"

大理被人们誉为[1]"高原[2]明珠"，坐落[3]在云南省中部偏西，占地面积达29,459平方千米。据历史记载，大理地区至少有4000年的历史了。大理有"风花雪月"的美称，即下关风、上关花、苍山雪、洱海月。

下关风

这里的风很大，时速达12～14米/秒，最高时速达28米/秒，行人走在路上感觉会被风刮跑。一年之中，大风有35天以上，所以下关有"风城"之称。

传说有一个英俊的小伙子和一个美丽的姑娘相爱，引起了国王的嫉妒[4]。国王派人把小伙子打入洱海，姑娘为了救小伙子，向观音菩萨[5]要了六瓶风，想让大风把海水吹干，救出小伙子。可是当姑娘走到天生桥时，不小心摔了一跤，打碎了五个风瓶。顿时，狂风宛如猛虎下山，一年四季吹个不停，后来人们把下关称为"风城"。

上关花

传说上关有棵树，每月开一朵花，一年开十二朵，花朵像莲花[6]一样大，香味胜过桂花[7]。花的颜色为粉白色，每朵花结9粒花籽[8]，外壳[9]坚硬，饱满可爱。这棵树一年结籽108颗，和尚的念珠也是108颗，于是人们叫它"朝珠花"。

1. 誉为（动）yùwéi: 称赞为。to be praised as
2. 高原（名）gāoyuán: plateau; highland
3. 坐落（动）zuòluò: 位于。to be located
4. 嫉妒（动）jídù: 因为别人胜过自己而怀恨在心。to be jealous of
5. 观音菩萨（专名）Guānyīn Púsà: Guanyin (a Bodhisattva) in Buddhism
6. 莲花（名）liánhuā: lotus flower
7. 桂花（名）guìhuā: sweet-scented osmanthus
8. 籽（名）zǐ: 种子。seed
9. 外壳（名）wàiké: 外层。outer covering

苍山雪

苍山山顶有一年四季不融化的积雪，即使到了夏季也是白雪皑皑[10]的景象，成为大理的一大景点。关于苍山的雪景自古流传着这么一个故事。古时候有个瘟神[11]来到大理想祸害[12]百姓。这时，有兄妹两人想出面为邻里百姓消除祸害。他们到观音那里去学习法术[13]，回来的路上碰巧和瘟神打了个照面儿。他们用法术把瘟神赶到苍山顶上，用大雪把瘟神冻死了。兄妹俩也在苍山顶上变成雪神，永远镇[14]住了瘟神。从此苍山就有了千年不化的积雪。

洱海月

传说天上有一位仙女羡慕尘世[15]间的生活，就下凡到洱海边与一位渔民小伙子结婚了。她想让渔民过上丰衣足食[16]的生活，就把自己带来的一面宝镜放入水底，散发出光芒，把鱼照得清清楚楚，好让渔民打到更多的鱼。后来，那面宝镜嵌在水底变成了金月亮，就是洱海月。

10. 白雪皑皑 báixuě-ái'ái: 白色的积雪。snow gleams white

11. 瘟神（名）wēnshén: 传说中传播疾病的恶神。plague

12. 祸害（动、名）huòhai: 带来灾害；灾害。to do harm to; disaster

13. 法术（名）fǎshù: 某些具有民俗或宗教色彩的非人力的方法。sorcery

14. 镇（动）zhèn: 使……服从。to dominate

15. 尘世（名）chénshì: this world; this mortal life

16. 丰衣足食 fēngyī-zúshí: 吃的穿的都很充足，也指生活富裕。to have ample food and clothing

大理拥有悠久的历史、灿烂的文化、古朴[17]的民风[18]，数百年来成为了云南政治、经济、文化的中心，在历史发展中占据[19]着重要地位。

17. 古朴（形）gǔpǔ: 朴素。simple and unsophisticated
18. 民风（名）mínfēng: 民间的风俗、习惯。folk custom
19. 占据（动）zhànjù: 占有，拥有，具有。to occupy

练习 Exercises

一 判断正误

☐ 1. 大理的“风花雪月”，指的是上关风、下关花、苍山雪、洱海月。
☐ 2. 很多下关人被风刮跑了。
☐ 3. 下关因为一年四季风大而被称为“风城”。
☐ 4. 传说兄妹两人为了镇住瘟神，就变成了雪神，千年不化。
☐ 5. 仙女把宝镜挂在天空，为了让渔民打到更多的鱼。

二 根据文章内容，选择合适的答案，将 ABCD 填入括号内

下关风（　）　上关花（　）　苍山雪（　）　洱海月（　）

A. 奇怪的树开奇怪的花，一年结出 108 颗种子。
B. 仙女把宝镜放在洱海水底。
C. 为救情人，风瓶不小心在天生桥被打破。
D. 为镇住瘟神，化身雪神。

三 根据文章内容，用给定的词语，完成下面的段落

邻里　赶　景点　千年不化
自古　出面　镇住　碰巧　照面儿

苍山山顶有一年四季不融化的积雪，即使到了夏季也是白雪皑皑的景象，成为大理的一大________。关于苍山的雪景________流传着这么一个故事。古时候有个瘟神来到大理想祸害百姓。这时，有兄妹两人想________为________百

姓消除祸害。他们到观音那里去学习法术，回来的路上________和瘟神打了个________。他们用法术把瘟神________到苍山顶上，用大雪把瘟神冻死了。兄妹俩也在苍山顶上变成雪神，永远________了瘟神。从此苍山就有了________的积雪。

四 根据文章内容，使用给定的词语，介绍一下大理的情况

1. 大理的基本情况，包括位置、面积、历史等。

坐落　占地面积　据历史记载　有……历史

....

....

....

2. 大理的文化地位，包括称号、历史地位等。

被誉为　有……的美称　拥有　成为……中心　占据着……地位

....

....

....

写　作

一 热身活动

你去过中国的哪些地方？印象最深刻的是哪里？选择其中一个地方进行介绍，你可以从这几个方面讲述：基本概况、历史与现状、文化特点等。

二 写作任务

[任务1] 基本概况

学一学

	句式	例句
位置	位于	颐和园位于北京的西北角。
	坐落在	这所大学坐落在浮山脚下，黄海之滨。
	与……毗邻	颐和园与圆明园毗邻。
面积	占地面积有……平方米/亩	这个公园的占地面积有100万平方米。
	大小为……	这个城市的大小为三百平方千米。
人口	拥有+数字+的人口	目前，北京拥有大约2100多万的人口。
	……的人口为……	中国的人口大约为14亿。
地位	有……之称	济南泉水很多，有“泉城”之称。
	被誉为……	颐和园被誉为“皇家园林博物馆”。
	人们称之为……	香港是中国经济繁荣的地区之一，人们称之为“东方之珠”。

练一练

城市名片

名称：图们市
位置：中国的东北
面积：1142平方千米
人口：约11.6万（截至2016年）
称号：“万水之源”

根据上面“城市名片”的信息，利用 [任务 1] “学一学”提供的句式，介绍一下图们市的位置、面积、人口、称号等基本概况。

[任务 2] 历史与现状

学一学

	句式	例句
历史	据历史记载	据历史记载，中国西北地区的楼兰古城是存在的。
	有……历史	西塘是一座有 2000 多年历史的古镇。
	始建于	颐和园始建于 1750 年，距今有 260 多年的历史了。
	最初	胡同最初是蒙古语，表示“水井”。
	经历了……	经历了几十年的发展，这个小镇的生活已经达到了小康水平。
	后来	历史上本来没有长城，后来由于战争的原因，人们修筑了长城。
现状	如今	如今，圆明园与它本来的样子已经相差甚远了。
	目前情况下	目前情况下，这个园林还不是世界文化遗产。
	自古至今	自古至今，这里的人们以做鱼虾生意为生。
	当下	当下正是北方炎热的时候。

练一练

颐和园的发展概况	
公元 1750 年	开始建造
公元 1764 年	完工
公元 1860 年	在第二次鸦片战争中遭到英法军队的严重破坏
公元 1886 年	开始重建
公元 1888 年	慈禧太后用海军军费修建此园，并改名为“颐和园”

（续表）

颐和园的发展概况	
公元 1900 年	遭到八国联军的严重破坏
公元 1902 年	慈禧太后再次修建此园
公元 1914 年	颐和园成为了对公众开放的公园
公元 1998 年	列入《世界遗产名录》
公元 2007 年	颐和园被国家旅游局正式批准为国家 5A 级旅游景区

根据上面“颐和园的发展概况”，利用提供的句式，写一写颐和园的历史和现状。

[任务 3] 文化地位

学一学

句式	例句
对于……而言	对于爱好园林艺术的人而言，苏州园林是一个让人留恋的地方。
保留着……	上海城隍庙保留着这个城市最初的记忆。
体现了……	有些胡同的名字体现了人们对生活的认识和感受。
成为……	北京成为了全国的政治、经济和文化中心。
具有……的意义	对北京这样的城市而言，保护文化遗产具有重要的意义。
占有……地位	长城在中国军事史上占有一定的地位。
占有一席之地	圆明园在中国的园林艺术中占有一席之地。

练一练

苏州园林：园林之城
北　　京：政治、文化中心
圆 明 园：皇家博物馆
泰　　山：世界文化与自然双重遗产

根据上面提供的信息和你了解的知识，用上相关句式，写写这些地方的文化价值。

三 实战练习

1. 范文欣赏

圆明园

圆明园位于北京的西北角，与颐和园紧相毗邻，即今天北京大学的北边、清华大学以西，占地面积达5200余亩，由圆明园、长春园、万春园三部分组成，又称圆明三园。圆明园不仅以园林著称，而且是当时世界上最大的皇家博物馆，收藏了无数的名贵花木、珍宝、图书与其他艺术杰作，被誉为“万园之园”。

圆明园最初是康熙皇帝赐给儿子雍正的花园，经历了几代皇帝的努力，圆明园最终成为了一座大型的皇家园林。据历史记载，1860年英法军队烧掉了圆明园，大火烧了三天三夜。1900年，八国军队再次严重破坏了圆明园。慈禧太后和光绪皇帝逃到西安以后，圆明园剩下的东西又被人抢光。新中国成立以后，开始重新修建圆明园，目前成为了北京市重点文物保护单位。如今，圆明园和它本来的样子已经相差甚远了。不过，当下仍然是游人喜欢去的地方。人们去那里一方面是为了欣赏风景，另一方面是为了回忆当年的历史。

圆明园汇集了南方园林的特点，同时建造了具有西方风格的建筑，如最有名的西洋喷泉“大水法”，并在湖水中建造了威尼斯水城的模型，艺术高超，让人惊讶。它不仅保留了中国三千多年的造园艺术，既有皇家建筑的华丽，也有江南园林的秀美，而且还吸取了欧洲的园林风格，把不同的风格完美地融在一起，成为当时世界上最大的皇家园林。圆明园体现了中国古代造园艺术的精华，成为一座出色的大型园林，在世界园林中占有一席之地。

2. 完成初稿

假如你是一名导游，请从以下几个方面介绍中国的一个地方：

（1）基本概况；

（2）历史与现状；

（3）文化地位。

利用“学一学”中的词语与句式，以“给你介绍一个地方：________”为题目写一写，不超过550字。

3. 修改

（1）自己修改

① 标出“学一学”中提到的词语和句式；

② 标出自己没有把握的地方。

（2）交换修改

① 检查同学的作文，标出错误的地方并加以改正；

② 标出值得学习的地方，并试着运用到自己的作文中。

四 定稿

请把修改后的作文写在作文纸上。

第5课 动物世界

阅读（一）

你喜欢老鼠吗？你知道中国人对老鼠有什么样的印象吗？请阅读下面的文章，相信你会有所了解。

神话故事里的老鼠

说起老鼠，人们就会想起它那两只滴溜溜转动的眼睛，就像两颗黑珍珠。它嘴巴尖尖的，胡子长长的，身后还拖着一根细细长长的尾巴。

在日常生活中，人们喜欢养猫、狗做宠物，却很少有人愿意喂养老鼠。很多人觉得老鼠是一种令人厌恶[1]的动物，汉语中更有“老鼠过街，人人喊打”的谚语[2]。但是在民间[3]艺术中，老鼠却是一种能够通晓人类感情的动物，有着十分可爱的一面。民间流传[4]的“鼠咬天开”“猫捉老鼠”等故事就传递着这样的信息。

鼠咬天开

传说在上古[5]时期，天地是一团混沌[6]，

1. 厌恶（动）yànwù: 不喜欢。to dislike
2. 谚语（名）yànyǔ: 俗语。slang
3. 民间（名）mínjiān: folk
4. 流传（动）liúchuán: 传播。to spread; to hand down
5. 上古（名）shànggǔ: 很久很久以前。ancient time
6. 混沌（名）hùndùn: 黏而浑浊的状态。chaos

黏黏糊糊[7]地连接在一起，人们生活在漫漫长夜里，见不到一点儿阳光。有一天，一只老鼠爬出窝，四周一片黑暗和宁静，不禁感叹地说：“整天过的什么日子！我讨厌现在的压抑生活，这团黏黏糊糊的混沌外面究竟是什么东西呢？”老鼠凝神思考，忽然双眸一亮，“我幼年喜欢钻山打洞，从小就养成了这个看家本领，不如在天地间咬出一个洞？”老鼠把这个主意告诉了大家，大家听了满怀希望和激动。在大家的帮助下，老鼠全力以赴，终于在天地间咬出了一条缝隙[8]。微弱的阳光从缝隙里照进来，老鼠兴高采烈地跳了起来。

天渐渐升高，越来越清朗；地渐渐下沉，越来越厚重[9]。从此，天地分开了。老鼠被称作“开天辟地子[10]神”。

猫捉老鼠

传说玉帝要选出十二种动物作为生肖[11]，每年轮流[12]看守天门，每个动物都想做“守护神[13]”，而且都不愿意放弃。玉帝想了一个办法：指定一个地方，按照动物到达的次序[14]，选出前十二名。猫和老鼠都想做第一名，谁也不退缩。它们表面上相处愉快，但猫很有个性，老鼠总觉得猫对他有内在的冷漠，就打算搞个恶作剧耍弄一下猫。比赛前一个晚上，老鼠熬夜和猫拉了半晚上关系[15]，狠狠地夸奖了猫。入睡前，还用关切的眼神看着猫说：“天亮时，我叫你起床。”猫被老鼠的善解人意感动了，再加上自己比较贪

7. 黏黏糊糊 niánnianhūhū: sticky

8. 缝隙（名）fèngxì: 裂开的狭长的空处。crack; fissure

9. 厚重（形）hòuzhòng: 厚而沉重。thick and heavy

10. 子（名）zǐ: 中国传统排序方法的第一位。the first of the Chinese traditional ranking

11. 生肖（名）shēngxiào: 中国人用来表示年份的12种动物。any of the 12 animals, used to symbolize the year in which a person is born

12. 轮流（动）lúnliú: 按照顺序一个接一个。to take turns

13. 守护神（名）shǒuhùshén: 保护安全的神。guardian angel

14. 次序（名）cìxù: 顺序。order; sequence

15. 拉关系 lā guānxi: 让关系变好或者更好。to make the relationship better

睡，不知不觉睡到了中午。结果老鼠得了第一名，而猫落选[16]了。

从此，猫和老鼠结[17]下了恩怨，猫为了报仇，见到心虚的老鼠就猛追不舍[18]，抓到老鼠还要玩耍逗弄，最后把老鼠置于死地[19]。

16. 落选 luò xuǎn: 没有被选上。to fail to be chosen or selected
17. 结（动）jié: 形成。to become; to form
18. 猛追不舍 měngzhuī-bùshě: 使劲追，不放弃。to try to pursue
19. 置于死地 zhìyú-sǐdì: 弄死，使……死。to expose sb./sth. to mortal danger

练习 Exercises

一 判断正误

☐ 1. 老鼠的毛像珍珠一样发亮。
☐ 2. “老鼠过街，人人喊打”意思是：老鼠在街上，人人都跟它们打招呼。
☐ 3. 传说上古时期，天和地连接在一起。
☐ 4. 玉帝只想选猫和老鼠两个为守护神。
☐ 5. 比赛前，老鼠搞恶作剧耍弄了猫。
☐ 6. 十二生肖里面没有猫。

二 根据文章内容，选择正确答案

1. 关于老鼠的说法，正确的是________。

A. 人们喜欢喂养老鼠做宠物　　B. 老鼠经常在街上打架
C. 在民间艺术中，老鼠还是比较可爱的　　D. 民间传说中没有关于老鼠的故事

2. 天和地分开之前，世界________。

A. 只有一个太阳，很宁静
B. 是黏而浑浊的一团东西
C. 只有白天，没有黑夜
D. 很吵，一点也不静

3. 老鼠在比赛的前一天晚上________。

A. 和猫聊天，把猫夸奖了一顿
B. 没有见到猫
C. 早早地睡觉了
D. 把猫叫醒了

4. 猫为什么没有进入十二生肖？________。

A. 玉帝不喜欢猫，没有邀请它
B. 猫忙着捉老鼠，忘记了比赛
C. 猫被老鼠耍弄了，错过了比赛
D. 猫很有个性，不愿意参加比赛

三 根据文章内容和给定的词语，完成下面的段落

看家　置于死地　被称作　缝隙　贪　生肖　混沌　流传　恶作剧　落选

有很多关于老鼠的故事________下来，上古的时候，天和地是一团________，老鼠使用从小学会的________本领，在天和地之间咬出一条________，从此天和地分开了，老鼠________“开天辟地子神”。

十二________中没有猫。因为在比赛前，老鼠对猫做了________耍弄了猫。猫因为________睡，一下子睡到了中午，错过了比赛，所以________了。从此，猫和老鼠结下了恩怨，猫见到老鼠，就把老鼠________。

四 老鼠长什么样子？请根据文章内容写一写，字数为50—100字

眼睛　嘴巴　尾巴　尖尖的　长长的　细细的

....

....

....

....

....

....

阅读（二）

母爱，不只是人类才有的，动物的母爱也同样地感动人心。请阅读下面的文章，也许你会被感动。

藏羚羊的跪拜

这是一个发生在西藏的故事，距今[1]有好些年了。跟现在情况不同，那时侯捕杀[2]野生[3]动物还不受法律的惩罚[4]。

在当时经常去藏北的人总能看到一个留着长发和浓密胡须的老猎人[5]，他肩上扛着光斑闪闪的猎枪，带着帐篷[6]在草原上随处驻下，饿时大火煮羊肉，渴时喝一碗冰雪水。他用打猎获得的动物的皮毛换来一些钱，除了用于自己的消费[7]外，还友善地救济[8]路人，可是他从来不求什么回报。杀生[9]和友善在老猎人身上并存[10]。

一天清早，老猎人从帐篷里出来，伸了伸懒腰，正准备喝一碗酥油茶时，他的动作凝住了。对面不远的山坡上卧着一只肥肥壮壮的藏羚羊，长着琥珀色的眼睛，厚厚的绒毛，正在亲昵地舔着肚皮，丝毫没有感知到大难的降临。

老猎人极为兴奋，活像年轻了十几岁！他尽力放轻动作，转身进帐篷拿来猎枪，举枪瞄准[11]了藏羚羊。奇怪的是，藏羚羊发现

1. 距今 jù jīn: 到现在。up to now
2. 捕杀（动）bǔshā: 追赶并杀掉。to chase and kill
3. 野生（形）yěshēng: 非人工喂养，在自然环境中成长的。wild
4. 惩罚（动）chéngfá: 处罚。to punish
5. 猎人（名）lièrén: 打猎的人。hunter
6. 帐篷（名）zhàngpeng: 在野外用布等搭起的篷子。tent
7. 消费（动）xiāofèi: to consume
8. 救济（动）jiùjì: 用钱或东西帮助别人。to relieve; to succour
9. 杀生 shā shēng: 杀动物等。to kill living things
10. 并存（动）bìngcún: 同时存在。to exist at the same time
11. 瞄准（动）miáozhǔn: 用枪等对准。to take aim at

后站立起来，没有马上逃跑，而是用乞求[12]和惊愕的眼神凝视着老猎人，然后向他前行两步，两条腿“扑通”一声跪了下来，两行长泪从眸子里流了出来，侥幸地乞求猎人让自己活下来。猎人不知这只藏羚羊为何如此贪恋生命，但作为猎人，心早已变得冷酷。他闭上左眼，手指一动，枪声响起，终结了藏羚羊的生命。

一整天，他都无精打采的，脑子里一直出现藏羚羊哀怨的眼神。他有些奇怪，藏羚羊为何下跪？这是他几十年的打猎生涯中见过的唯一一次情景。夜里他久久不能入睡，双手一直颤抖[13]着……

第二天，老猎人怀着忐忑不安的心情，给那只藏羚羊开膛[14]扒皮。当藏羚羊的肚子打开时，他震惊地叫出声来，手中的刀子“咣当”一声掉在了地上。原来藏羚羊的子宫[15]里，静静地卧着一只小藏羚羊，它已经成形[16]，自然也死了。这时老猎人才明白那只藏羚羊为什么亲昵地舔自己的肚子，为什么长得肥肥壮壮的，也明白了藏羚羊为什么挣扎着跪下笨重[17]的身子……它是在乞求猎

12. 乞求（动）qǐqiú: 请求。to beg

13. 颤抖（动）chàndǒu: 发抖。to shiver

14. 开膛 kāi táng: 打开肚子。to gut; to disembowel

15. 子宫（名）zǐgōng: womb

16. 成形 chéng xíng: 形状已经能看清楚了。to develop a definite form

17. 笨重（形）bènzhòng: 不灵活。heavy and not flexible

人留下自己孩子的一条生命。天下所有母亲的情感，包括动物在内，都是圣洁的。

老猎人突然一下子变得老态龙钟，他抚摸着藏羚羊的尸体[18]，悲伤地痛哭起来，脑海里一直缠绕着藏羚羊向他下跪的影子……他在山坡上挖了个坑，把藏羚羊母子掩埋[19]了，同时也埋掉了自己的猎枪。

从此，这个老猎人在草原上消失了。他的下落[20]成了一个无人能破解的谜[21]。

（选自《新民晚报》2000年9月25日，原题《藏羚羊跪拜》，王宗仁，有改动）

18. 尸体（名）shītǐ: 死后的身体。corpse

19. 掩埋（动）yǎnmái: 掩盖，埋掉。to bury

20. 下落（名）xiàluò: 去处，结果。whereabouts

21. 谜（名）mí: 让人不清楚或者不明白的问题。puzzle

练习 Exercises

一 判断正误

☐ 1. 故事是不久前在西藏发生的。

☐ 2. 现在捕杀野生动物会受到法律惩罚。

☐ 3. 老猎人赚的钱全部自己花了。

☐ 4. 老猎人对人冷酷。

☐ 5. 藏羚羊给老猎人下跪是乞求给自己的孩子留下一条生命。

☐ 6. 谁也不知道老猎人去哪儿了。

二 根据文章内容，选择正确答案

1. 关于老猎人的说法，正确的是________。

A. 做事情从不后悔

B. 喜欢帮助别人，也喜欢杀生

C. 吃了藏羚羊肉年轻了十几岁

D. 是一个短头发，留着浓密胡须的人

2. 一天清早，猎人发现山坡上一只藏羚羊________。

A. 站立在山坡上吃草　　B. 又瘦又小

C. 躺着舔自己的肚子　　D. 眼睛是绿色的

3. 藏羚羊发现猎人朝自己开枪时________。

A. 马上逃跑了　　B. 假装死了

C. 卧倒了　　D. 流下了眼泪

4. 猎杀藏羚羊的当天，老猎人一直无精打采，因为他________。

A. 不知道这只藏羚羊能卖多少钱　　B. 决定不打猎了

C. 第一次见到藏羚羊向自己下跪，很难过　　D. 手一直颤抖

5. 给藏羚羊开膛时，老猎人________。

A. 发现了肚子中的小藏羚羊　　B. 刀子伤了自己的手

C. 还是不明白藏羚羊为什么下跪　　D. 流泪了

三 根据文章内容，使用给定的词语和句式，分别写一段话，字数为：50—100字

1. 那天清早，藏羚羊是什么样子的？

卧　肥肥壮壮的　琥珀色　绒毛　亲昵　长着……

……………………………………………………………………

……………………………………………………………………

……………………………………………………………………

2. 藏羚羊看到猎人要向自己开枪时，它做了什么？

站立　惊愕　凝视　眸子　侥幸　乞求　贪恋　哀怨　不是……而是……

……………………………………………………………………

……………………………………………………………………

……………………………………………………………………

写　作

一　热身活动

你喜欢什么动物呢？猫、狗、鹿、兔子、乌龟、热带鱼、金鱼、猴子、蝴蝶……说说这些动物中，你愿意选择哪种做宠物，为什么？（你可以从动物的样子、主要食物、活动规律等方面说一说）

二　写作任务

[任务 1] 动物的外形

学一学

句式	例句	
形容词重叠（一部分形容词重叠为 AA 或者 ABB，表示喜欢、讨厌等感情）	长长的	长颈鹿的脖子长长的。
	尖尖的	小狗的牙尖尖的，喜欢啃骨头。
	黑乎乎的	这种动物全身黑乎乎的，很可怕。
像……一样	老鼠的一身绒毛像丝绸一样光滑。	
长着……	小鹿的头上长着树枝一样的犄角。	
	老虎额头上长着三条花纹，好像一个“王”字。	
长得……	河马长得又高又胖。	
	狮子长得很威风。	

练一练

你最了解的动物是什么？向你的同学讲讲它长什么样子，你可以说说它的全身、头、四肢、尾巴或者翅膀等。

[任务 2] 动物的生活习性

学一学

生活习性	句式	例句
主要食物	主要吃……	大熊猫主要吃竹子，或其他植物的根，一般不吃肉。
	以吃……为生	鲨鱼以吃其他小鱼为生。
生活环境	生活在……	北极熊生活在寒冷的冰雪地中。
	喜欢在……生活	小虫子喜欢在阴暗潮湿的地方生活。
活动规律	在……出来活动	老鼠喜欢在夜里出来活动。
	出现在……	啄木鸟常常出现在有虫子的树上。
其他特点	善于……	猴子善于爬树，常常把自己挂在树枝上。

练一练

假如你是动物园的管理人员，要给动物制作说明卡。从下面的动物中选择一个或者多个进行介绍。

A. 大象　　B. 老虎　　C. 熊猫　　D. 猴子　　E. 孔雀　　F. 其他

动物的名字	主要食物	
________	生活环境	
	活动规律	
	其他特点	

[任务 3] 我对动物的看法

学一学

句式	例句
对……感兴趣	我对北极熊的生活习性很感兴趣。
把……当作	人们总是把狗当作自己的朋友。
既不……也不……	他既不喜欢收养宠物，也不愿意了解宠物。
与其……不如……	与其喜欢鸭子，不如喜欢天鹅。
就拿……来说	就拿乌龟来说吧，有的动物的寿命可能比人的还长。

练一练

请举出一种动物，你对它是喜欢还是讨厌？为什么？你可以使用上面的句式来表达你的看法。

三 实战练习

1. 范文欣赏

阅读这篇关于大熊猫的短文，看看是从哪几个方面介绍大熊猫的。

大熊猫

大熊猫是很受欢迎的动物，被称为中国的“国宝”，它主要生活在四川和陕西。

大熊猫的体型看起来很像一只笨笨的熊。它的四肢、耳朵和眼睛周围是黑色的，身上的其他地方是白色的。小时候的熊猫能灵活地爬树、翻跟头，长大了身体变得胖胖的，一般情况下行动缓慢，不过人们喜欢大熊猫笨头笨脑的可爱样子。

在三百万年以前，大熊猫是肉食动物，主要是吃肉。后来环境发生了变化，它的生活习性也发生了变化，目前以竹子为生，它的牙齿也变成专门用来吃竹子的了。

迄今为止，大熊猫在世界上 200 多个国家和地区几乎濒临灭绝，据说全世界只剩下 1000 只左右了。这是因为熊猫的主食——竹子有时突然大量死亡，造成食物不足，再加上熊猫繁殖能力低，熊猫的数量变得越来越少。现在只有在我国的四川、陕西、甘肃部分地区的深山老林中才能找到它们的身影。

有人认为，大熊猫在今后三四十年里会从地球上消失。这种说法，我觉得是很有道理的。保护大熊猫这件事，需要全人类共同关注，给大熊猫一个温暖的家园，让它们快乐地生活在地球上。

2. 完成初稿

阅读《博雅汉语 · 中级冲刺篇 Ⅱ》第 5 课《阳光与月色》，根据我们学过的词语和句式，把这篇文章改写为一篇不少于 550 字的作文，题目为《黑黑与红红》。你可以从以下几个方面介绍黑黑和红红：

（1）它们的样子；

（2）它们的生活习性（食物、生活环境、活动规律、其他特点）；

（3）你对它们的看法。

3. 修改

（1）自己修改

① 标出“学一学”中提到的词语和句式；

② 标出自己没有把握的地方。

（2）交换修改

① 检查同学的作文，标出错误的地方并加以改正；

② 标出值得学习的地方，并试着运用到自己的作文中。

四 定稿

请把修改后的作文写在作文纸上。

第6课 美女帅哥

阅读（一）

在你印象中，美女长什么样子？喜欢穿什么衣服？性格如何？看看下面文章中的美女和你印象中的是否一样。

我的二姐

我的二姐天生是一个美女，在我家乡那个小城市，她一度当了20年的焦点[1]人物。如果不是搬离了那个城市，还会持续多少年无人知晓。

二姐是个真正的美女，不需要任何修饰[2]，即使刚刚睡醒，即使披着粗布麻袋[3]，仍然光彩照人[4]。二姐的五官长得异常好看：鹅蛋形的脸上嵌着一双明亮的大眼睛，眉毛弯弯的，鼻梁高高的，牙齿洁白整齐，嘴唇红润饱满[5]，一头乌黑的秀发从背后垂[6]下来，像瀑布[7]一般，简直美极了。

二姐从小听惯了家长们的赞叹[8]："这孩子从小就这么漂亮，长大了那还了得！"我躲在二姐的光环下静静长大，偷偷地把她

1. 焦点（名）jiāodiǎn: focus
2. 修饰（动）xiūshì: 打扮。to make up and dress up
3. 麻袋（名）mádài: 一种粗布做的袋子。sack
4. 光彩照人 guāngcǎi-zhàorén: 散发出来的光彩让人的眼睛发亮。glamorous
5. 饱满（形）bǎomǎn: 丰满，充实。plump
6. 垂（动）chuí: 东西从一头挂下来。to hang down
7. 瀑布（名）pùbù: waterfall
8. 赞叹（动）zàntàn: 称赞，夸奖。to praise

当作我的偶像[9]。每当有人说我们长得像，我就颇为开心，仿佛沾了好大的光。

美女一般不需要太聪明，但是二姐遗传了父母的基因[10]，是一个智商[11]很高的人。让大家感到吃力的数学题，对她来说简直容易得微不足道，考试时能把书本上的知识运用自如，成绩出色[12]得让人不敢相信。诸如此类的事情让二姐骄傲得像个公主。可是谁情愿当美女的陪衬[13]呢？除了我和大姐没有办法选择以外，恐怕没有人愿意做她身边的绿叶。

美女恋爱的季节来临时，我家便热闹起来了。但二姐太骄傲也太厉害了，一般男生只能偷偷喜欢，不敢追求，他们打着各种旗号[14]怀着同一目的到我家玩儿，有的表现笨拙，有的略显老练，但二姐一律冷脸相对，他们一一败下阵[15]来。

直到有一天，一个真正勇敢的家伙出现了，坚持不懈[16]地用尽各种浪漫的花招儿[17]，终于打败了各路情敌[18]，征服了二姐的心，成了二姐第一个也是唯一一个男友。一个这样的美女只谈过一次恋爱，而且一直坚持了 8 年，简直是个奇迹[19]，不知道她是不是遗憾，反正我遗憾得不得了。二姐从此变得不厉害了，不仅说话温柔了，还给那家伙织了一条既漏风又脱线的围巾。看到那家伙脖子里的一团乱毛线，我知道骄傲的二姐被降伏了。8 年恋爱长跑以后，她跑去做了那家伙的美丽媳妇，一年后做了美丽的妈妈。

9. 偶像（名）ǒuxiàng: 崇拜的对象。idol

10. 基因（名）jīyīn: gene

11. 智商（名）zhìshāng: 表示人聪明程度的数字。intelligence quotient

12. 出色（形）chūsè: 优秀。excellent

13. 陪衬（名）péichèn: 使主要事物更加突出的人或事物。to serve as a contrast or foil

14. 旗号（名）qíhào: 做某事的借口，名义。excuse

15. 败阵 bài zhèn: 失败。to be defeated

16. 坚持不懈 jiānchí-búxiè: 不放弃。to insist

17. 花招儿（名）huāzhāor: 骗人的方法、计谋。method

18. 情敌（名）qíngdí: 喜欢并追求同一个异性而成为对手的人。rival in love

19. 奇迹（名）qíjì: 极难做到的、不同寻常的事情。miracle; wonder

几天前，二姐带着孩子到北京来玩儿。在机场，我又几乎没有认出她来，她打扮得年轻时髦[20]，像个明星，身上穿着一袭[21]白色的长裙，脖子里随意系着一条丝巾，无名指上还戴着一个闪闪的结婚戒指。一路走来，她依然吸引着所有人的目光。

（选自《北京晨报》2009年9月11日，刘心印，有改动）

20. 时髦（形）shímáo: 时尚，流行。fashional
21. 袭（量）xí: 用于整体的或成套的衣服等。measure word for a suit of clothes

练习 Exercises

一 判断正误

☐ 1. 二姐只有经过修饰，才是光彩照人的美女。
☐ 2. 别人不知道二姐是我的偶像。
☐ 3. 男生们喜欢二姐，都大胆地追求她。
☐ 4. 二姐的男朋友给二姐织了一条围巾，征服了二姐的心。
☐ 5. 二姐现在打扮得年轻时髦，像个明星。

二 根据文章内容，选择正确答案

1. 关于二姐，正确的说法是________。
   A. 20岁之前是焦点人物，从那以后就不是了
   B. 刚刚醒来或者披着粗布麻袋时是一个真正的美女
   C. 家长们说她小时候长得好看，大了不一定好看
   D. 二姐生下来就是一个美女，一直到大仍然漂亮

2. “美女一般不需要太聪明”，但二姐不是这样的，她________。
   A. 生下来就是公主，很骄傲
   B. 总想把自己变得聪明一些
   C. 能灵活地运用书本上的知识
   D. 智商高，只是做数学题感到很吃力

3. 在二姐恋爱的季节，________。
   A. 一般男生因为二姐太厉害，不敢追求
   B. 男生们为了让我家更热闹，经常来玩儿
   C. 二姐不喜欢笨拙的男生，喜欢老练的男生
   D. 男生到我家来，是为了看看二姐公主般的样子

4. 二姐的男朋友________。
   A. 让二姐变得更骄傲厉害了
   B. 用 8 年的时间终于征服了二姐
   C. 把二姐当作第一个也是唯一一个女友
   D. 用各种浪漫的方法使二姐做了他的女友

三 根据文章内容和给定的词语，写一写二姐的长相与打扮

修饰　光彩照人　五官　鹅蛋形　眼睛　眉毛
鼻梁　牙齿　嘴唇　秀发　像……一般　瀑布　美

二姐是个真正的美女，…………………………………………………………

……………………………………………………………………………………

……………………………………………………………………………………

打扮　明星　身上　长裙　脖子　丝巾　无名指　戒指

在机场，我几乎没有认出二姐来，她…………………………………………

……………………………………………………………………………………

……………………………………………………………………………………

阅读（二）

你听过周杰伦的歌曲吗？知道周杰伦从小是在什么家庭中长大的吗？知道周杰伦是怎么出名的吗？下面文章中周杰伦的成长故事会告诉你。

超级明星周杰伦

周杰伦1979年出生在台北，他4岁开始学习钢琴，对音乐表现出浓厚的兴趣。14岁时父母离婚，在母亲的抚养下成长。小时候的周杰伦是一个安静而害羞的小孩，说话、举止和表情显得笨笨的。他从小就对西洋流行乐和古典音乐特别敏感，平时喜欢弹钢琴，像一个钢琴狂[1]。

1996年6月，高中毕业后周杰伦去一家餐厅应聘服务生。工作不久，因为会弹钢琴，老板让他做了大厅里的钢琴师，周杰伦开始每天坐在钢琴前弹奏自己创作[2]的曲子。

有一次，餐厅里有位客人过生日，希望周杰伦弹奏一首轻快[3]的音乐。可偏偏[4]这时，另一位喝醉的老板甩出一大沓[5]钞票，说要听刺激[6]的音乐。见此场面，过生日的客人也不甘示弱[7]，从提包里也掏出一大沓钞票，“啪”地一声甩在周杰伦的面前说：“谁怕谁呀，我要听《月光下的夜晚》！”双方争吵起来，差点儿大打出手。周杰伦灵机一动[8]，他说：“你们都是这里的客人，这些钱我不能要。现在，我来弹奏几首乐曲，你们猜，谁猜对了，谁就跟着我的伴奏[9]唱。”两位觉得这是一个不错的主意，就同意了。

就这样，聪明的周杰伦先是弹了一首轻音乐，让过生日的客人猜中，之后又弹了一首怪异的交响乐[10]，让喝醉酒的客人猜中。几曲下来后，双方都十分满意，不但没有打

1. 钢琴狂（名）gāngqínkuáng: 对钢琴的喜爱达到疯狂程度的人。
2. 创作（动）chuàngzuò: 创造作品。to create; to write
3. 轻快（形）qīngkuài: 轻松愉快。light
4. 偏偏（副）piānpiān: 恰巧，恰恰。just
5. 沓（量）dá: pile; pad
6. 刺激（形）cìjī: 使精神受到某种影响。exciting; irritating
7. 不甘示弱 bùgān-shìruò: 不服输。
8. 灵机一动 língjī-yídòng: 多指临时想出一个好主意。
9. 伴奏（动）bànzòu: 唱歌时用器乐配合。to accompany
10. 交响乐（名）jiāoxiǎngyuè: a symphony; symphonic music

架，反而还对唱起来。这样，餐厅的气氛一下子就缓和[11]了下来。老板十分高兴，当即给周杰伦涨了工资。

1997年9月，周杰伦参加了当地一家电视台的娱乐[12]节目——《超级新人王》，该节目主持人[13]吴宗宪也是台湾阿尔发音乐公司的老板。参加表演那天，周杰伦穿着一身休闲装[14]，戴着一顶鸭舌帽[15]，帽檐[16]压得低低的，打扮成一副很酷的样子。当时表演不顺利，但是吴宗宪无意[17]中看到周杰伦谱[18]的曲子十分复杂，而且写得工工整整，大吃一惊，就邀请他到阿尔发音乐公司写歌。周杰伦凭着深厚的音乐功底[19]和创作热情，很快写出很多好歌，但是，音乐圈里没有一个人喜欢他的歌，当时火爆[20]华语乐坛[21]的歌手都拒绝唱他的歌。老板吴宗宪决定让周杰伦自己唱自己写的歌。

1999年12月的一天，吴宗宪郑重地告诉周杰伦："阿伦，给你10天的时间，如果你能写出50首歌，而我可以从中挑出10首，那么我就帮你出唱片[22]。"周杰伦激动

11. 缓和（形）huǎnhé:（气氛等）不紧张。relaxative; mitigatory

12. 娱乐（名）yúlè: 快乐的活动。joy; entertainment; amusement

13. 主持人（名）zhǔchírén: host

14. 休闲装（名）xiūxiánzhuāng: leisure clothes

15. 鸭舌帽（名）yāshémào: peaked cap

16. 帽檐（名）màoyán: brim of a hat

17. 无意（副）wúyì: 不是故意的。by chance

18. 谱（动）pǔ: 写。

19. 功底（名）gōngdǐ: 在某一方面有一定的能力。essentials of basic training

20. 火爆（形）huǒbào: 受欢迎。hot

21. 乐坛（名）yuètán: 从事音乐的人形成的圈子，音乐界。music circle

22. 唱片（名）chàngpiàn: gramophone record; platter

不已，开始日夜不停地拼命工作。10天过去了，周杰伦真的拿出了50首歌曲，而且每一首都写得漂漂亮亮，谱得工工整整。面对这种惊人的创作速度，吴宗宪无话可说了。接着，他从周杰伦创作的歌曲中挑选出了10首，准备制成唱片发行。

经过大半年的**精心**[23]制作，周杰伦的第一张**专辑**[24]——《Jay》制作出来了。

从此，他的音乐**风靡**[25]整个华语乐坛，他也拥有了“亚洲流行天王”的**称号**[26]。

23. 精心（形）jīngxīn: 细心，认真。attentive and circumspect
24. 专辑（名）zhuānjí: album
25. 风靡（动）fēngmǐ: 流行。to be popular in
26. 称号（名）chēnghào: title

练习 Exercises

一 判断正误

☐ 1. 14岁以后周杰伦是在单亲家庭中长大的。
☐ 2. 高中毕业以后，周杰伦去大学里学习钢琴，打算做个钢琴师。
☐ 3. 周杰伦只会弹轻音乐，喝醉酒的老板很生气。
☐ 4. 吴宗宪是台湾阿尔发音乐公司的老板，也是《超级新人王》节目主持人。
☐ 5. 开始时，著名歌手们都很喜欢唱周杰伦的歌。
☐ 6. 周杰伦的第一张专辑里的歌都是自己创作的。

二 根据文章内容，选择正确答案

1. 关于周杰伦，说法正确的是________。
   A. 开始并不喜欢弹钢琴
   B. 1983年开始学习钢琴
   C. 父母离婚后，跟父亲生活
   D. 从小对中国流行乐很敏感

2. 在餐厅里，周杰伦________。
   A. 聪明地解决了一次争吵
   B. 给过生日的客人弹了刺激的交响乐
   C. 给喝醉酒的朋友弹了《月光下的夜晚》
   D. 不能自己创作歌曲，只能弹客人点的歌

3. 1997年9月，周杰伦参加了一个娱乐节目，因为________。
   A. 曲谱太复杂，所以表演不顺利
   B. 衣着不合适，所以表演不顺利
   C. 表演顺利，被邀请到音乐公司写歌
   D. 写的曲子复杂整齐，被邀请写歌

4. 刚到阿尔发音乐公司时，周杰伦________。
   A. 写的歌在华语乐坛很火爆
   B. 在老板同意下，自己唱自己写的歌
   C. 因为没有音乐知识，写出的歌不好，没有人喜欢
   D. 凭着音乐功底和创作热情，专门为著名歌手们写歌

5. 下面说法正确的是________。
   A. 周杰伦的第一张专辑很受欢迎
   B. 周杰伦在50天的时间创作出10首歌
   C. 周杰伦没有完成任务，吴宗宪无话可说
   D. 吴宗宪选了50首歌曲，为周杰伦出了专辑

三 根据文章内容和给定的词语，写一写小时候的周杰伦是一个怎样的人，1997年9月周杰伦参加表演时是什么样的打扮？

安静　害羞　显得　从小　对……敏感　喜欢　像一个……

小时候的周杰伦是……………………………………………………………………

………………………………………………………………………………………………

………………………………………………………………………………………………

穿　休闲装　戴　鸭舌帽　帽檐　打扮　样子

1997年9月，参加表演那天，周杰伦……………………………………………………

写 作

一 热身活动

请向一位同学介绍自己，说说自己长什么样子，今天穿了什么衣服，平常自己的性格是什么样的。

二 写作任务

[任务 1] 人物的长相

学一学

句式	例句
长着＋名词性成分	脸上长着一双会说话的大眼睛。
	瘦瘦的身子上长着一个大大的脑袋。
	这个女孩子长着一头金色的长发。
长得＋形容词性成分	那个小孩子虽然很瘦弱，但是长得很精神。
	小伙子长得很帅，别人都把他当成了明星。
	那个老太太长得很慈祥，不管见到谁都笑容可掬。
形容词重叠式	弯弯的眉毛像月牙一样。
	嘴唇像一颗小樱桃一样，小小的，红红的。
	小孩子的身子小小的，瘦瘦的，看起来一阵风就能把他刮走。
	这些运动员一身肌肉，结结实实的，看起来很性感。
	黑黝黝的皮肤像丝绸一样光滑。

练一练

1. 把描写身体部位的词语写在括号里面

脸 牙齿 眼睛 身材 头发 四肢 皮肤 手

（ ）——苗条的 臃肿的 魔鬼般的 丰满的
（ ）——细腻的 光滑的 黑黝黝的 白嫩的 有皱纹的
（ ）——直直的 瀑布般的 卷曲的 蓬松的
（ ）——圆圆的 鹅蛋形的 清秀的
（ ）——有神的 明亮的
（ ）——洁白的 整齐的
（ ）——健壮的 灵活的
（ ）——灵巧的 修长的

2. 使用 [任务 1]“学一学”中提供的句式，写一写班里两位同学的长相，并让大家猜猜他们是谁。

[任务 2] 人物的衣着

学一学

身体部位	V+ 着	衣服、装饰等
身上 / 上身 / 下身 / 脚上	穿着	身上穿着白色的连衣裙。
		上身穿着小西装，下身穿着牛仔裤。
		脚上穿着高跟鞋，走起路来发出“咚咚”的声音。
		他经常穿着那件旧外套。
头 / 手 / 耳朵 / 脖子 + 上	戴着	头上戴着一顶大大的太阳帽。
		手上戴着“鸽子蛋”大的钻石戒指。
		耳朵上戴着长长的耳坠。
		脖子上戴着一条金项链。

（续表）

身体部位	V+着	衣服、装饰等
手腕/脖子/胳膊+上	系着	手腕上系着一根带子。
		脖子上系着一条粉红色的丝巾。
		胳膊上系着一根红绳。
脖子上/腰里	围着	脖子上围着一条长长的围巾。
		腰里围着一条可爱的围裙。

练一练

1. 在横线上补充相关词语，写得越多越好。

衣服的种类

外套　西装　内衣　牛仔裤

………………………………………………………………

衣服的材料

丝绸　纯棉　尼龙　羊绒

………………………………………………………………

衣服的款式

男式　长款　大号　数字+码（36码的鞋子）

………………………………………………………………

衣服的颜色

深色　黑底红花　灰色　粉红色

………………………………………………………………

衣服的品牌

耐克　阿迪达斯　范思哲　香奈儿

………………………………………………………………

2. 使用 [任务 1] 和 [任务 2]"学一学"中提供的句式，分别描述下面的图画。

（1）时髦的女郎

……………………………………………………

……………………………………………………

……………………………………………………

……………………………………………………

……………………………………………………

（2）严肃的女老板

……………………………………………………

……………………………………………………

……………………………………………………

……………………………………………………

……………………………………………………

（3）笑呵呵的老头儿

……………………………………………………

……………………………………………………

……………………………………………………

……………………………………………………

……………………………………………………

[任务 3] 人物的性格

学一学

句式	例句
……是个……的人	张经理是个严厉的人。 我同学是个爽快 / 可爱 / 受欢迎 / 直言直语的人。
性格 + 形容词	他的女朋友性格温和，脸上总是挂着甜甜的微笑。 他性格直来直去 / 外向 / 内向。
天性 + 动 / 形容词	这个男孩子天性好动，全身都是运动细胞。 她天性爱美 / 爱漂亮 / 爱发火 / 很较真。
喜欢 + 动词	张大爷特别喜欢讲笑话，经常逗得大家哈哈大笑。 李明喜欢笑 / 哭 / 发火 / 帮助别人。
看起来	他看起来很严肃，没人敢跟他说话。 小伙子看起来酷酷的 / 很随和 / 特别有精神。
像……	她干脆利落，做起事情来像一个男孩子。 我妹妹做起事情来风风火火，像个女汉子。
办事……	老板办事很果断。 王经理办事很可靠 / 不紧不慢。
说话……	小姑娘很文静，说话细声细气的。 她说话很小心 / 不经过大脑 / 很幽默。

练一练

1. 下面是关于性格的词语，找找看一共有多少对近义词和反义词。

聪明 温柔 坚强 笨拙 热情 诚实 随和 狡猾 大方 外向 活泼
小气 急脾气 开朗 文静 冷漠 软弱 拘束 幽默 内向 慢性子 抠门

2. 使用 [任务 3]“学一学”中提供的句式，举出你认识的三个人并描写他们的性格。

三 实战练习

1. 范文欣赏

我的女朋友

我的女朋友叫韩梅梅，是一个中国女孩。我们已经认识三年了。在我的眼中，她是最美丽的东方女孩之一。

韩梅梅个子不高，一米六左右，但是身材很好，别人称她拥有魔鬼般的身材，简直可以去做模特了。她有一头乌黑的秀发，从背后看像瀑布一样，真是美极了。她的皮肤细腻光滑，小麦肤色，看起来很健康也很性感。不大不小的脸上长着一双会说话的大眼睛，眉毛长得弯弯的，像柳树的叶子，又细又长。她的鼻子高高的，嘴上总是挂着甜甜的微笑，牙齿长得整齐洁白。她的手修长灵巧，会插花，会做饭，还会整理家务。

她总是一副很随意的打扮。夏天的时候，上身经常穿着纯棉的 T 恤衫，下身穿着淡蓝色的牛仔裤，脚上穿着一双不高不矮的鞋子，脖子上还经常戴着一条细细的银项链，手上也会戴着银戒指。冬天的时候，梅梅就穿着厚厚的羽绒服，脚上穿着长长的靴子，脖子里围着一条深红色的围巾，那条围巾在寒冷的冬天里看起来很温暖。工作时，她喜欢穿着那件短款的女式小西服，显得很精神也很能干。在家时，她会穿着那件可爱的 HelloKitty 睡衣，腰里围着围裙，脚上穿着拖鞋，来来回回地收拾房间。

韩梅梅的性格很温和，喜欢看书、听音乐、看电影，说话细声细气的，办事不紧不慢，是一个很温柔的姑娘。没有人见过她生气发脾气的样子，她说自己天生是一个文静的人。我们来自不同的国家，相互之间存在文化差异，遇到需要沟通的问题时，她总是耐心地来解决，从来不发火。

我喜欢我的女朋友，遇见她是我的幸运。

2. 完成初稿

从下面的选项中选择一个人进行描写。

□ 亲人（父母、兄弟姐妹等）

□ 老师

□ 朋友

□ 伴侣（丈夫 / 妻子、男朋友 / 女朋友）

□ 公众人物（国家领导人、明星等）

除了这些人，你可以自己选择________

写作时，请从以下几个方面描写：

（1）人物的长相；

（2）人物的衣着；

（3）人物的性格。

利用“学一学”中的词语和句式并参考范文，写一篇不少于580字的作文。

3. 修改

（1）自己修改

① 标出“学一学”中提到的词语和句式；

② 标出自己没有把握的地方。

（2）交换修改

① 检查同学的作文，标出错误的地方并加以改正；

② 标出值得学习的地方，并试着运用到自己的作文中。

四 定稿

请把修改后的作文写在作文纸上。

第7课 求职应聘

配套资料

阅读（一）

你写过求职信吗？你是怎么写的？请看一封很有意思的求职信。

写在纸尿片上的求职信

她，现在是一家国际广告公司的创意[1]副总监，精通[2]广告创意的业务[3]，擅长提出各种各样新颖[4]的好点子，经她策划出来的广告总是让人过目不忘[5]。

然而，十几年前，她对广告创意一无所知，完全是一个外行。她的教育背景和工作经历跟广告创意也说不上有什么必然的关系。

就教育背景而言，1995年她就读于某生物技术学院，专业是细胞[6]学。1996年她选修了企业管理作为第二专业，1999年获得双学士学位。学习过的课程有细胞学、基因工程、生物技术、会计学[7]、行政管理[8]、社会学、市场调查等，多次获得奖学金。

就工作经历而言，1999年至2002年，

1. 创意（名）chuàngyì：独特的想法。creativity
2. 精通（动）jīngtōng：非常了解并熟练掌握。to master; to be good at
3. 业务（名）yèwù：某一行业的本职工作。business
4. 新颖（形）xīnyǐng：创新、独特的。new
5. 过目不忘 guòmù-búwàng：看到以后很难忘记。unforgettable
6. 细胞（名）xìbāo：cell
7. 会计学（名）kuàijìxué：accounting
8. 行政管理 xíngzhèng guǎnlǐ：administration

她在北京某生物技术研究所担任工程师[9]助理，主要负责安排工程师的出差旅行计划，接待来访客人，管理信函、传真、报纸，起草[10]公文[11]等工作。2002年至2003年，她在一家保险公司当销售员，主要工作是联系客户、销售保险、维持与客户的联系等。

27岁时，她想应聘广告创意员。她没有这个行业的工作经验，完全是一个外行，但她对那些小广告公司却不感兴趣。当她说要进国际排名前50强的4A公司时，所有的朋友都认为她是痴人说梦[12]。但，事实是，她做到了！

说起当初如何进入4A公司，她的话匣子立即打开了。

她没有用普通的信封投[13]求职信，而是用一件包裹。她向所有她中意[14]的公司都投递了这样一件包裹，并且直达公司总经理。

试想一下，一件包裹在一堆千篇一律[15]的信封中非常显眼[16]，一下就抓住了所有好奇的视线。打开包裹，里面更是让人跌破眼

9. 工程师（名）gōngchéngshī: engineer

10. 起草 qǐ cǎo: 写草稿。to draft

11. 公文（名）gōngwén: 处理公共事务的文件。document

12. 痴人说梦 chīrén-shuōmèng: 像傻子一样说一些不能实现的话。

13. 投（动）tóu: 寄。to deliver

14. 中意 zhòng yì: 满意，很符合心意。favorite

15. 千篇一律 qiānpiān-yílǜ: 同样的，一样的。same

16. 显眼（形）xiǎnyǎn: 明显而很容易被看到。obvious

镜[17]——只有一张薄薄的纸尿片[18]，正面写着：“在这个行业[19]里，我只是个婴儿。”背面留了她的联系方式。

几乎所有收到这张纸尿片的广告公司老总都在第一时间给她打了邀请面试的电话。无一例外，他们问她的第一个问题就是：“为什么你要选择一张纸尿片？”她的回答同样富有创意。她说：“我知道我不符合要求，因为我没有任何经验，但我像这纸尿片一样，愿意学习，吸收[20]能力特别强；而且，没有经验并不代表我是一张白纸，我希望你们能通过这个细节看到我在创意上的能力。”

她成功了。

（选自《东西南北·大学生》2006 年第 2 期，有改动）

17. 跌破眼镜 diēpò yǎnjìng: 让人感到吃惊。to be shocked
18. 纸尿片（名）zhǐniàopiàn: diaper
19. 行业（名）hángyè: 职业、工作。profession
20. 吸收（动）xīshōu: 接受，学习。to accept; to absorb

练习 Exercises

一 判断正误

- [ ] 1. 做广告时，她擅长提出很多好的想法。
- [ ] 2. 上大学时，她选修了广告学专业。
- [ ] 3. 大学一毕业，她就在广告公司工作了。
- [ ] 4. 应聘 4A 广告公司以前，她没有任何广告创意方面的经验。
- [ ] 5. 她写了一封长长的求职信。
- [ ] 6. 她的求职信很有创意，广告公司选用了她。

二 根据文章内容，选择正确答案

1. 关于她的教育背景，以下说法正确的是________。

A. 大一开始，她就选修了两个专业　　B. 她最后只拿到一个学士学位

C. 她还选修了广告学，并取得了学位　　D. 她的学习成绩很好

2. 关于她的工作经历，以下说法正确的是________。
   A. 进入广告行业之前，她做过四年的工程师助理
   B. 进入广告行业之前，她卖了一年保险
   C. 她大学一毕业就开始从事保险工作了
   D. 她在保险公司时就开始广告创意的工作了

3. 在给广告公司投简历时，她________。
   A. 寄了一个普通的信封
   B. 在求职信上，详细地写了教育背景和工作经历
   C. 没有使用包裹，直接把纸尿片寄了过去
   D. 写的求职信和别人的求职信不一样

4. 她选择把求职信写在纸尿片上，是因为________。
   A. 认为自己具有很强的吸收能力和学习能力
   B. 觉得从事广告创意就要从婴儿做起
   C. 在保险公司的时候卖保险，也卖纸尿片
   D. 喜欢婴儿，希望从事与婴儿有关的广告工作

三 根据文章内容，填写下面的表格

1. 她的教育背景

时间	学校	专业	所学课程
		细胞学	
1996—1999	某生物技术学院		

2. 她的工作经历

时间	地点	职务	工作内容
		工程师助理	
	保险公司		

阅读（二）

你印象最深的面试题目是什么？你知道面试考官为什么出这样的题吗？

面试中的魔方[1]试题

我的老同学现在富得流油。他开创[2]了一家软件[3]公司，开发了一系列软件，生意越做越大。有一次，他来到我所在的城市后马上打电话给我。“老同学，是我啊！听出来了吗？是这样的，我到这儿的大学招聘[4]毕业生，要在这儿待上五天，咱哥们儿趁这个时间好好聚一聚。我做东[5]！”

既然他要做东，我很高兴地答应了。人家是老板，不吃白不吃！

我来到他住的宾馆，看见一个大学生模样[6]的人站在他面前接受面试。“这样吧，”我的老同学冷淡地说，“我这里有个魔方，你能不能把它弄成六面六种颜色呢？你留神看，我给你做个示范[7]。”说着，他扳[8]起了魔方。不一会儿，那个魔方就扳好了。“看到了吗？”他说，“你也来做一遍吧。”

那个大学生拿着魔方，面有难色。老同学看了看我，便对大学生说：“如果你没考虑好，可以把魔方拿回去考虑，我直到星期五才走。”

1. 魔方（名）mófāng: 一种智力玩具。cube
2. 开创（动）kāichuàng: 成立，建立。to set up
3. 软件（名）ruǎnjiàn: software
4. 招聘（动）zhāopìn: 发广告让人来应聘工作。to advertise job offers
5. 做东 zuò dōng: 请客。to play the host
6. 模样（名）múyàng: 样子。appearance
7. 示范（动）shìfàn: 做例子给……看。to set an example
8. 扳（动）bān: 拉，拨动。to pull

等那个大学生走了以后，我问老同学："怎么，这就是你独创[9]的考题？""我面试过他了，这个人还是有潜力[10]的，我再给他出个题考考他，以便到时候给他安排合适的职务[11]。"

"你为什么给他出这么一道题目呢？"我不大明白地问。

"现在的孩子都不玩儿魔方了，所以我不相信他能马上扳好。如果他拿漆把六面刷出来，就说明他很有创意，可以从事软件开发的工作；如果他今天下午就把魔方拿回来，就说明他非常聪明，领悟[12]能力强，做我的助理[13]最合适了；如果他星期三之前把魔方拿回来，说明他请教[14]了人，也就是说他很有人缘儿[15]，可以让他去客户服务部工作；如果他在我走之前拿回来，说明他勤劳肯干，从事初级程序员[16]的工作没问题；如果他最终拿回来说他还是不会，那说明他人很老实[17]，可以从事财务[18]的工作。"

第二天晚上，老同学请我吃饭。在饭桌上，我们一边喝老白干儿，一边聊起魔方的

9. 独创（动）dúchuàng: 自己创造。to create
10. 潜力（名）qiánlì: 没有表现出来的能力和力量。latent capacity; potential
11. 职务（名）zhíwù: 工作。position
12. 领悟（动）lǐngwù: 明白，弄清楚。to comprehend
13. 助理（名）zhùlǐ: assistant
14. 请教（动）qǐngjiào: 请求别人指导。to ask for advice; to consult
15. 人缘儿（名）rényuánr: 与别人的关系。relations with other people
16. 程序员（名）chéngxùyuán: programmer
17. 老实（形）lǎoshi: 诚实，不说谎。honest
18. 财务（名）cáiwù: 管理钱财的工作。

事。这一回，老同学有些得意洋洋[19]："那个大学生我要定了。他今天早上把魔方还给了我。你猜怎么的？他是把魔方拆[20]开，然后一个个安上去的。"

"这说明什么？"我问。

老同学说："他能放胆去做，说明他敢作敢为[21]，具有可贵的开拓[22]精神，以后可以做我的接班人[23]。"

我不由得[24]钦佩老同学的眼力[25]。

（选自《北京纪事（纪实文摘）》2006年第11期，原题《一道面试题》，刘激扬，有改动）

19. 得意洋洋 déyì-yángyáng: 非常得意，十分满意。satisfied

20. 拆（动）chāi: 把……分开，弄开。to take apart

21. 敢作敢为 gǎnzuò-gǎnwéi: 做事情勇敢，不害怕什么。to be afraid of no difficulties

22. 开拓（动）kāituò: to explore; to open up

23. 接班人（名）jiēbānrén: 接替前辈工作的人。successor

24. 不由得（副）bùyóude: 不禁。can't help

25. 眼力（名）yǎnlì: 眼光。discernment

练习 Exercises

一 判断正误

[ ] 1. 我的老同学来我所在的城市，是为了拜访我。

[ ] 2. 这个大学生只能在宾馆完成面试。

[ ] 3. 这道面试考题是老同学自己想出来的。

[ ] 4. 大学生对面试试题很感兴趣。

[ ] 5. 老同学出题的目的是，决定怎么安排那位年轻人的工作。

[ ] 6. 老同学没有录用那位大学生。

二 根据文章内容，选择正确答案

1. 老同学来我所在的城市，是为了________。
   A. 招聘大学生
   B. 开发一系列软件
   C. 做东请我吃饭
   D. 开创软件公司

2. 面试那天，大学生________。
   A. 已经被老同学决定录用了，而且安排好了职务
   B. 拿走了魔方
   C. 用漆把魔方的六个面刷成了六个颜色
   D. 扳起了魔方，不一会儿，魔方就扳好了

3. 老同学为什么出了一道这样的考题？因为老同学________。
   A. 以后要做魔方生意
   B. 不喜欢这个大学生
   C. 喜欢玩儿魔方，也希望现在的年轻人喜欢
   D. 想根据大学生的表现为他安排合适的工作

4. 如果这位大学生回去请人帮忙了，他就会从事________工作。
   A. 财务
   B. 程序员
   C. 客户服务
   D. 软件开发

5. 对于大学生最后的表现，老同学________。
   A. 很钦佩大学生的眼力
   B. 决定让他做自己的助理
   C. 觉得大学生把魔方弄坏了
   D. 决定以后让大学生代替自己管理公司

三 根据文章内容，填写下面的表格

如果大学生……	说明他……	他可以做……
拿漆把六面刷出来		
	非常聪明，领悟能力强	
		客户服务部工作
在老同学走之前拿回来		
		财务工作

写作

一 热身活动

自己做过简历吗？说说一份简历包括哪些内容。

二 写作任务

[任务1] 个人信息

学一学

个人情况	姓名（中文名、英文名）
	性别（男、女）
婚姻状况	未婚、已婚、离婚，无子女、有子女
教育背景	学历（小学、中学、本科、硕士、博士）
	专业（中文、金融学、经济学、新闻学等）
	院校（××大学、××学院）
联系方式	住址（省/市、区、街/路、胡同、村）
	电话号码（例如：010-8499**36）
	手机号码（例如：135-7452-5**8）
	电子邮件/E-mail（例如：abcd@126.com）

练一练

使用[任务1]“学一学”中提供的词语，填写下面的表格。

个人信息			
中文名		英文名	
婚姻状况		毕业院校	
学历		专业	

（续表）

个人信息			
电话号码		手机号码	
E-mail			
住　　址			

[任务 2] 教育背景

学一学

1. 小词库

学历情况	学位　学士　双学士　硕士　博士　学位证　毕业证
专业情况	课程　主修　专业　管理学　社会学　应用化学　中文系　经济学院　选修　学期
获奖情况	奖学金　院长奖　成绩

2. 句式

句式	例句
毕业于……	1999 年他毕业于北京大学。
获……学位	他于 1999 年获汉语言文字学专业文学硕士学位。
平均成绩是……	在校期间，平均成绩是 90 分。
获……等奖	在“挑战杯”竞赛中李小明获三等奖。
主修课程有……	主修课程有现代文学、古代文学、现代汉语等。
关于……课程有……	关于企业管理的课程有管理学、会计学、社会学。
被评为……	李小明学习成绩优异，连续三年被评为全年级优秀学生。
就读于……	2007—2010 年王华就读于南京大学文学院。

练一练

使用 [任务 2] “学一学”中提供的词语与句式，写一写自己的教育背景。

……………………………………………………………………………………

……………………………………………………………………………………

……………………………………………………………………………………

[任务 3] 工作经历

学一学

1. 小词库

职务	实习生 经理 代理人 工程师 销售员 设计师 秘书 翻译 编辑 记者
工作	兼职 管理 组织 参加 负责 推销 培训 谈判 承担 开发
业绩	被提名为 被提升为 赚取 成本 促进 完成 任务 提高 精通 工程 创办 公司 提高 利润 降低 产品

2. 句式

句式	例句
作为……	作为实习生，他出色地完成了公司交给的任务。
主要负责……	项目经理主要负责写出详细的工程说明书、工程分析。
设计出……	王工程师设计出了新型设备。
被提升为……	年终他被提升为总经理助理。
被任命为……	2009 年 7 月李成被任命为华东地区副总裁。

（续表）

句式	例句
承担……项目	他将承担环保产品开发项目。
安排……计划	作为秘书，他负责安排总经理的出差计划。
降低……成本	这次策划活动为公司降低了 100 万人民币的成本。
减少……预算	有效利用人员，可以减少每周 40 个工时的预算。
兼任……	王华在公司兼任电脑培训员，管理 20 名电脑工作人员。
成为……之一	本人成为占俱乐部成员 5% 的优秀培训员之一。

练一练

使用 [任务 3]“学一学”中提供的词语与句式，描写自己或某人的工作经历。

________（人名）的工作经历

时间	担任职务	工作内容	取得的成绩

[任务 4] 其他情况

学一学

1. 小词库

获奖情况	特等奖　一等奖　二等奖
兴趣爱好	钓鱼　油画　摄影　高尔夫　写作
研究成果	发表作品　著作情况

2. 句式

句式	例句
擅长……	这个年轻人擅长音乐、油画、写作等。
获……	在全国的优秀摄影作品展中，王华获特等奖。
精通（语言）	本人精通四门语言：英语、汉语、西班牙语、拉丁语。
发表……	在校期间，他发表了数十篇新闻作品。
参加……	课余时间，他广泛参加社会实践活动，比如 2009 年策划全校春季运动会。

练一练

使用 [任务 4]“学一学”中提供的词语与句式，写一写自己的技能、实践活动、获奖情况、兴趣爱好。

技能

……………………………………………………………………………………

实践活动

……………………………………………………………………………………

获奖情况

……………………………………………………………………………………

兴趣爱好

三 实战练习

1. 范文欣赏

<table>
<tr><th colspan="5">个人信息</th></tr>
<tr><td>中文名</td><td>李小明</td><td>英文名</td><td>Echo</td><td rowspan="7">近期一寸照片</td></tr>
<tr><td>国籍</td><td>澳大利亚</td><td>出生日期</td><td>1989年9月</td></tr>
<tr><td>婚姻状况</td><td>未婚</td><td>性别</td><td>女</td></tr>
<tr><td>学历</td><td>本科</td><td>专业</td><td>物理学</td></tr>
<tr><td>电话号码</td><td>010-12345678</td><td>手机号码</td><td>13630344334</td></tr>
<tr><td>E-mail</td><td colspan="3">lixiaoming@gmail.com</td></tr>
<tr><td>住址</td><td colspan="3">北京市海淀区万柳东路南口19号</td></tr>
<tr><td>教育背景</td><td colspan="4">2008年9月考入北京大学，物理学专业。
2010年6月选修第二专业市场管理。
2012年6月毕业于北京大学，获得双学士学位，平均成绩90分，获得新星星奖学金二等奖。</td></tr>
<tr><td>工作经历</td><td colspan="4">2012.9—2014.4，担任总经理助理，安排总经理的出差旅行计划，作为公司代表接见客户，协助公司谈成一笔500万美元的交易。
2014.4—2017.3，加入人力资源部，通过有效利用人员，为公司减少每周20个工时的预算。
2017.3，被提升为华东地区副总裁，负责该地区的销售工作。</td></tr>
<tr><td>其他情况</td><td colspan="4">大学时是校学生会的积极分子，曾任校女子篮球队队长，多次参赛并获奖。
实践活动：
——招收与培训328名志愿服务者；
——策划全校大型秋季运动会。
精通三门语言：英语、汉语、拉丁语。
爱好：网球、游泳、高尔夫球。</td></tr>
</table>

2. **完成初稿**

你最想做什么工作？根据个人情况，写一份简历来申请这份工作吧。

□ 秘书 □ 翻译 □ 工程师 □ 会计 □ 律师 □ 教师

其他你喜欢的工作：________

你选择的工作是________

3. **修改**

（1）自己修改

①标出“学一学”中提到的词语和句式；

②标出自己没有把握的地方。

（2）交换修改

①检查同学的简历，标出错误的地方并加以改正；

②标出值得学习的地方，并试着运用到自己的简历中。

四 定稿

<table>
<tr><th colspan="5">个人信息</th></tr>
<tr><td>中文名</td><td></td><td>英文名</td><td></td><td rowspan="7">近期一寸照片</td></tr>
<tr><td>国籍</td><td></td><td>出生日期</td><td></td></tr>
<tr><td>婚姻状况</td><td></td><td>性别</td><td></td></tr>
<tr><td>学历</td><td></td><td>专业</td><td></td></tr>
<tr><td>电话号码</td><td></td><td>手机号码</td><td></td></tr>
<tr><td>E-mail</td><td colspan="3"></td></tr>
<tr><td>住址</td><td colspan="3"></td></tr>
<tr><td>教育背景</td><td colspan="4"></td></tr>
</table>

（续表）

个人信息	
工作经历	
其他情况	

第8课 天南地北

阅读（一）

你们国家是怎么庆祝[1]新年的？你知道世界各地是怎么过新年的吗？

世界各地不一样的新年

步入新年之前，世界各国的人们都用各种新颖的方式庆祝新年的到来，希望新的一年能给自己带来更多好运[2]。

世界上各个国家和地区，新年的时间可能不一样：大多数国家把公历1月1日作为新的一年的开始，而有些国家拥有自己民族特色的新年，比如泰国的新年是每年4月13日至16日，称为“宋干节”“泼水节”，也有一些国家既过本国传统的新年，也过公历1月1日的新年，中国差不多就是如此。

风俗活动

看风向[3]。法国人认为新年这一天的风向预示[4]着新一年的年景：刮南风，预示风调雨顺[5]；刮西风，是一个捕鱼和挤奶的丰收[6]年；刮东风，水果将丰收；刮北风，新

1. 庆祝（动）qìngzhù: to celebrate
2. 好运（名）hǎoyùn: 好的运气。good luck
3. 风向（名）fēngxiàng: 风的方向。wind direction
4. 预示（动）yùshì: 预先显示。to foretell
5. 风调雨顺 fēngtiáo-yǔshùn: 风雨适合农作物生长。favorable weather
6. 丰收（动）fēngshōu: 产量高。bumper or big harvest

的一年是歉收[7]年。

听钟声。除夕晚上，日本各处寺庙[8]分别敲钟108下，来驱除[9]邪恶[10]。日本人静坐聆听“除夜之钟”，钟声停止就表示新年的到来，人们便上床睡觉，希望做一个好梦。

打井水。英国人争做第一个打井水的人，第一个打水的人是幸福的人，打来的井水是吉祥的水。

扔东西。元旦前夜，意大利人要把家里不需要的物品扔到院子里或者野外。这样的话，人们就可以驱除邪恶，迎接吉祥。

泼水。泰国人把一种特制[11]的水泼洒到佛像和“宋干女神”身上，来祈求[12]吉祥，然后人们相互洒水，表示祝福。在新年第一天，人们在窗台或门口放一盆清水，还要到河中去进行新年沐浴。

另外，中国还有拜年[13]、发红包、燃放[14]爆竹[15]、贴对联[16]和年画的活动。

衣　服

在瑞典，元旦早上，家中最年轻的妇女穿上白色裙子，腰里系着红丝带，头上戴着点燃小蜡烛的皇冠[17]，给大家分发食物。

饮食习惯

喝香槟[18]酒。法国人用酒迎接新年，人们围着桌子，痛快地喝香槟酒，直到大醉。

备足酒肉。在英国，元旦前一天，家家户户都要做到瓶中有酒，橱[19]中有肉，如果不备有多余的酒肉，来年将会贫穷。

吃团圆饭。中国人要吃饺子，一家人围

7. 歉收（动）qiànshōu: 产量低。to be short of production
8. 寺庙（名）sìmiào: temple
9. 驱除（动）qūchú: 赶走。to remove
10. 邪恶（形）xié'è: 凶恶的。evil; wicked
11. 特制（动）tèzhì: 特别制作。specially made
12. 祈求（动）qíqiú: 诚恳地请求。to plead for
13. 拜年 bài nián: 祝贺新年。to send new year greeting
14. 燃放（动）ránfàng: to set off
15. 爆竹（名）bàozhú: firecracks
16. 对联（名）duìlián: antithetical couplet
17. 皇冠（名）huángguān: imperial crown
18. 香槟（名）xiāngbīn: champagne
19. 橱（名）chú: cabinet

在桌子旁边，高高兴兴地吃年夜饭。

吃葡萄。在西班牙，新年的钟声刚开始敲第一声，人们就争着吃葡萄。如果能够按钟声吃下刚好12颗，预示新的一年里每个月都过得很顺利[20]。

吉祥物品

德国人会在钱包里放几片鱼鳞[21]，因为鱼鳞是新年吉祥物，预示着财源滚滚[22]。瑞典人喜欢买一种用草做成的小鹿[23]，小鹿里面装了爆竹和烟花[24]，可以用来燃放。

从上面可以看出，各个国家都用新颖的方式来庆祝新年。总的来说，大家都怀着许多美好的愿望迎接新年的到来。

20. 顺利（形）shùnlì: 没有麻烦。smooth

21. 鱼鳞（名）yúlín: fish scale

22. 财源滚滚 cáiyuán-gǔngǔn: 能挣到很多钱。

23. 鹿（名）lù: deer

24. 烟花（名）yānhuā: fireworks

练习 Exercises

一 判断正误

☐ 1. 新年第一天，法国人根据风的大小来想象新一年的年景。

☐ 2. 日本人在除夕晚上去寺庙敲108下钟。

☐ 3. “打井水”是德国的风俗活动。

☐ 4. 发红包是中国的风俗活动之一。

☐ 5. 在瑞典，家中年纪最大的妇女要穿上白色衣服，给大家发食物。

☐ 6. 西班牙人要在钟声之后吃12颗葡萄。

☐ 7. 法国人喜欢喝香槟酒来庆祝新年。

☐ 8. 在德国，钱包里放鱼鳞表示新的一年能够得到很多钱。

二 根据文章内容，选择正确答案

1. 如果新年的第一天刮东风，法国人认为________。
   A. 风调雨顺　　B. 吉祥如意
   C. 新的一年是歉收年　　D. 水果会丰收

2. 日本寺庙在新年里敲钟是为了________。
   A. 庆祝丰收　　B. 驱除邪恶
   C. 表演戏剧　　D. 睡个好觉

3. 英国人庆祝新年要________。
   A. 打井水、喝香槟酒　　B. 打井水、备足酒肉
   C. 新年沐浴、备足酒肉　　D. 发红包、喝香槟酒

4. 元旦前夜扔东西来驱除邪恶，迎接吉祥的国家是________。
   A. 意大利　　B. 德国
   C. 英国　　D. 瑞典

5. 下面句子内容跟文章相符的是________。
   A. 新年里，德国女孩子有分发食物的活动
   B. 瑞典人的家里喜欢养鹿
   C. 泰国人有去河中新年沐浴的风俗
   D. 鱼鳞是英国的新年吉祥物

三 根据文章内容和给定的词语，完成下面的段落

愿望　步入　庆祝　好运
方式　总的来说　衣服　新颖　习惯

________新年之前，世界各国的人们都用各种________的方式________元旦的到来，希望新的一年能给自己带来更多________。

世界各地的人们用各种________迎接元旦，不同的国家有不同的风俗________、________、饮食习惯以及吉祥物。________，大家都怀着许多美好的________迎接新年的到来。

阅读（二）

你在中国的东北过过冬天吗？在中国的南方呢？北方的冷和南方有什么不一样？

南方阴冷，北方酷冷

去年冬天，我在南方的一座城市度过，那是名副其实的南方——广东东莞。平常我们所说的南方是指长江以南，平生[1]头一回在没有冬天的地方过冬天，因此便对那次经历念念不忘。原以为冬天在南方只不过是一个文字符号，满眼的树依旧绿着，草还青着，即使经历几场霜[2]，也不至于被全部染黄。没有雪，没有寒风，没有苍凉的冬景，这能叫"冬天"吗？

阳光照耀时，外面春暖花开，鸟语花香，坐在外面远比呆在屋子里舒服多了。然而，在没有阳光的日子里，你要是坐在房间里，就会真正体会[3]到这里的冬天也是真的冬天，也冷得煞有其事。那是一种躲不开的冷，不知道从何处而来，让人揣摩不透是从头到脚的冷还是从脚到头的冷。北方人称这种冷为"阴冷"。这种冷很厉害，缓慢的，丝丝缕缕[4]的，完全主宰着你。你打开空调取暖，却没想到这里的空调只有制冷按钮没有制热按钮。当你狼狈[5]地想从屋子里蹿[6]出来，

1. 平生（名）píngshēng: 一生，一辈子。lifetime
2. 霜（名）shuāng: frost
3. 体会（动）tǐhuì: 体验，感受。to experience
4. 丝丝缕缕 sīsīlǚlǚ: wispy
5. 狼狈（形）lángbèi: 形容艰难的样子。awkward
6. 蹿（动）cuān: 跑。to flee; to scamper

却会遭到南方人的讪笑[7]："怎么，你这东北人也怕冷？"

是啊，想想也是，在北方零下26度时，我曾经在露天冰场潇洒地滑冰，那种冷劈头而来，冷得生硬而彻骨[8]，哈口气都是一串白雾。而随着自己的吸气和呼气，胡子和眉毛都会挂上一层白霜。可是在这里，再冷的天温度计的指数[9]还是在零度以上徘徊，可是为什么会冻得我心神不宁[10]？

起初我以为只有我一个东北人怕冷，结果与其他东北人相见时，发现他们跟我一样，甚至更怕冷。他们都说："南方的这种冷很特殊[11]，受不了。"

南方的冷叫作阴冷的话，相应地，北方的冷是酷冷。在沈阳，人们的措辞不同，人们不习惯用"酷"，而是用"贼"这个字眼，形容"冷"时要说"贼冷"，大概是"冷极了""非常冷"的意思。

沈阳不是最冷的地方，最冷的地方在黑龙江漠河的北极村。小时候，听说那里的人

7. 讪笑（动）shànxiào: 嘲笑，笑话。to ridicule; to deride

8. 彻骨（形）chègǔ: 深到骨头里。penetrative

9. 指数（名）zhǐshù: 数字。number

10. 心神不宁 xīnshén-bùníng: 心里感到不平静。upset

11. 特殊（形）tèshū: 不一般。special

不敢在茫茫的冰天雪地里撒尿，也不敢吐唾沫。撒尿时热乎乎的尿流会突然变成冰柱，而唾沫刚刚脱离嘴唇就会硬成一个冰球飞出去。那时候流传的东北三宝——人参[12]、貂皮[13]、乌拉草[14]，三者习性相近，都是因耐寒而出名。人参，是食用的，这要冬天吃，可以抵御寒冷，要是在夏天吃就会上火[15]甚至会流鼻血；貂皮，是做大衣领子的；乌拉草可以做成保暖的乌拉草鞋，那种鞋很笨重，后来被"大头鞋"等各种花里胡哨的鞋替代，这样，它的影子也渐渐消逝了。

总的来说，北方的冬天酷冷生硬，南方的冬天阴冷绵软[16]。是生硬一阵子难受[17]还是绵软一整天难受呢？在不同环境中长大的人应该会有不同的回答，就像不同的人会有不同的爱好一样。

（选自《雨花》2007 年第 11 期，原题《南方阴冷与北方酷冷》，刘元举，有改动）

12. 人参（名）rénshēn: ginseng
13. 貂皮（名）diāopí: fur or pelt of marten; mink
14. 乌拉草（名）wūlācǎo: 一种草的名字。
15. 上火 shàng huǒ: to suffer from excessive internal heat
16. 绵软（形）miánruǎn: 柔软。soft
17. 难受（形）nánshòu: 不舒服。uncomfortable

练习 Exercises

一 判断正误

☐ 1. 作者第一次在南方过冬天。
☐ 2. 南方的冬天尽管会下雪，但是还是有绿树和青草。
☐ 3. 即使没有太阳，南方的冬天也像春天一样暖和。
☐ 4. 东北人不习惯南方的冷。
☐ 5. 北方下霜时，人的胡子和眉毛上面都会挂上白霜。
☐ 6. 在南方，东北人很怕冷。

☐ 7. 北方的冷和南方的冷是一样的，只是人们的措辞不一样。
☐ 8. 在沈阳，人们不敢在冰天雪地里撒尿或者吐唾沫。
☐ 9. 东北三宝因为习性而出名。
☐ 10. 北方比南方更冷。

二 根据文章内容，选择正确答案

1. 作者为什么对那次经历念念不忘？________。
   A. 作者喜欢南方
   B. 第一次在南方过冬天
   C. 喜欢南方的绿树和青草
   D. 东莞是名副其实的南方

2. 南方的冷是什么样的？________。
   A. 比北方的冷更厉害
   B. 可以利用空调来改变
   C. 让人猜不透冷是从哪里来的
   D. 和北方的“阴冷”不一样

3. 文中第三段“这里”是指哪里？________。
   A. 东莞
   B. 滑冰场
   C. 中国北方
   D. 中国东北

4. 冬天在北极村，人们________。
   A. 喜欢吃人参
   B. 不敢在冰天雪地撒尿
   C. 嘴里的唾沫都被冻成了冰球
   D. 爱穿乌拉草鞋和“大头鞋”

5. 关于东北三宝，下面的说法正确的是________。
   A. 乌拉草鞋和“大头鞋”是同一种东西
   B. 乌拉草鞋仍然很常见
   C. 人参是用作主食吃的，貂皮用来做衣服
   D. 它们可以御寒

三 根据文章内容和给定的词语，完成下面的段落

总的来说 阴冷 环境 酷冷 品位 回答

________，北方的冬天________生硬，南方的冬天________绵软。是生硬一阵子难受呢还是绵软一整天难受呢？在不同________中长大的人应该会有不同的________，就像不同的人会有不同的________一样。

写 作

一 热身活动

中国有春节、端午节、中秋节等许多传统的节日，除了这三个你还知道哪些节日？人们是怎么庆祝这些节日的？你在中国过过什么节日？

二 写作任务

[任务 1] 节日的来源

学一学

	句式	例句
分说	来源于	中秋节来源于嫦娥奔月的美丽传说。
	起源于	母亲节起源于古希腊。
	流传于	母亲节产生以后，流传于全世界。
	产生于	新中国的教师节产生于20世纪80年代。
总结	从……可以看出	从这些节日的来源可以看出，每个节日都有重要的意义。
	一般来说	一般来说，中国重要的传统节日主要有四个：春节、清明节、端午节、中秋节。

练一练

讨论：圣诞节、母亲节、情人节、愚人节这四个节日是怎么来的？这四个节日有哪些共同特点？

使用“学一学”中的句式介绍圣诞节、母亲节、情人节、愚人节这四个节日的来源，并在最后总结它们的共同特点。

[任务2] 节日活动

学一学

	句式	例句
分说	主要活动有……	春节人们的主要活动有拜年、吃团圆饭、贴春联等。
	一般举行……活动	重阳节又叫老人节，人们一般举行登山活动。
	或者……或者……	清明节，人们或者去扫墓，或者出去踏青。
	以……为主	中秋节的风俗活动以赏月吃月饼为主。
总结	凡是……都……	凡是节日活动都充满了节日的气氛。
	归根结底	归根结底，人们举行节日活动是为了放松自己。
	综上所述	综上所述，不同的节日有不同的活动。

练一练

节日名称	节日活动
无烟日	在节日当天，不抽烟
地球日	节约水电、吃素等
健身日	健步走、打篮球等运动
植树节	种树、种花、修剪花草等
共同点：爱护环境，关心健康	

利用表格的句式，写写这几个节日里的活动，最后总结共同特点。

[任务 3] 节日饮食

学一学

	句式	例句
分说	有……还有……	端午节的粽子各种各样，有豆沙的，有咸肉的，还有蛋黄的。
	……什么的	腊八粥有米、花生、红豆、枣什么的。
	又……又……还……	吃水饺很麻烦，又得和面，又得做馅儿，还得包。
	不外乎……	中秋节的节日食品不外乎月饼。
总结	总的来说，……	总的来说，过节时你就可以大饱口福了。
	所有这些……都……	所有这些节日食品都很有特色。

练一练

你最喜欢哪些节日的食品？请举出四个节日，利用上表中的句式写一写，并对这些节日食品进行总结。

三 实战练习

1. 范文欣赏

中国的传统节日

由于中国的面积大、民族多、历史长，所以传统的节日多达数百个，比如说，春节、元宵节、寒食节、清明节、端午节、七夕节、中秋节等。但一般来说，比较重要的节日有：春节、清明节、端午节、中秋节。

你知道这些节日是怎么来的吗？春节，也叫“年节”，“年”是一个时间概念，是古代人对农作物的生长周期和季节变化的总结，通过“过年”来表达对天地的感谢，也希望新的一年农业丰收；寒食节人们不生火做饭，来纪念古代被烧死在深山中的介子推；人们为了纪念投江而死的爱国诗人屈原，就形成了端午节；中秋节源于嫦娥奔月的美丽神话；七夕节是中国的情人节，源于牛郎和织女的爱情故事……从这些节日的来源可以看出，每个节日都有重要的意义。

凡是过节，人们大多都会举行一些风俗活动。春节，人们祭祀天地和祖先，吃团圆饭，放爆竹，贴春联，拜年等；元宵节时，人们看花灯猜谜语；清明节人们扫墓，插杨柳，荡秋千或者外出踏青；端午节，湖南一带举行热闹的划龙舟比赛；重阳节，人们登山赏菊花，来趋吉避凶。虽然不同的节日有不同的风俗活动，但归根结底都带有浓厚的节日气氛。

在传统饮食上，除夕吃饺子，元宵节吃汤圆，清明节少不了鸡蛋，端午节一定要吃粽子，中秋节人们可以一边赏月一边吃月饼，到了腊八节还可以喝腊八粥。总的来说，在节日里你可以大饱口福。

综上所述，中国的传统节日形形色色，不同的节日有不同的来源、不同的风俗活动、不同的饮食。但概括地说，这些节日的意义不过三种：或者与古代的农业有关，或者与怀念祖先有关，或者与禁忌有关。

2. 完成初稿

选择中国的或者其他国家的一种传统节日，以“传统节日：________”为题目，介绍一下：

（1）节日的来源；

（2）节日风俗活动；

（3）节日饮食等。

利用“学一学”中的词语和句式并参考范文，写一篇不少于600字的作文。

3. 修改

（1）自己修改

① 标出“学一学”中提到的词语和句式；

② 标出自己没有把握的地方。

（2）交换修改

① 检查同学的作文，标出错误的地方并加以改正；

② 标出值得学习的地方，并试着运用到自己的作文中。

四 定稿

请把修改后的作文写在作文纸上。

词汇表

B		
白领	báilǐng	（3）
白雪皑皑	báixuě-ái'ái	（4）
败阵	bài zhèn	（6）
拜年	bài nián	（8）
扳	bān	（7）
伴奏	bànzòu	（6）
饱满	bǎomǎn	（6）
保险	bǎoxiǎn	（3）
爆竹	bàozhú	（8）
笨重	bènzhòng	（5）
编	biān	（1）
标志	biāozhì	（4）
表达	biǎodá	（2）
并存	bìngcún	（5）
捕杀	bǔshā	（5）
不甘示弱	bùgān-shìruò	（6）
不可开交	bùkě-kāijiāo	（2）
不雅	bù yǎ	（4）
不由得	bùyóude	（7）
不争	bùzhēng	（3）

C		
财经	cáijīng	（3）
财务	cáiwù	（7）
财源滚滚	cáiyuán-gǔngǔn	（8）
拆	chāi	（7）
柴米油盐	chái-mǐ-yóu-yán	（3）
馋样儿	chányàngr	（2）
产业化	chǎnyèhuà	（3）
颤抖	chàndǒu	（5）
唱片	chàngpiàn	（6）
彻骨	chègǔ	（8）
尘世	chénshì	（4）
沉浸	chénjìn	（3）
称号	chēnghào	（6）
成形	chéng xíng	（5）
承受	chéngshòu	（3）
程序员	chéngxùyuán	（7）
惩罚	chéngfá	（5）
痴人说梦	chīrén-shuōmèng	（7）
冲击	chōngjī	（3）
出色	chūsè	（6）
橱	chú	（8）
传统	chuántǒng	（3）
创意	chuàngyì	（7）
创作	chuàngzuò	（6）
垂	chuí	（6）
慈善家	císhànjiā	（1）
次序	cìxù	（5）
刺激	cìjī	（6）

蹿	cuān	（8）
D		
沓	dá	（6）
大潮	dàcháo	（3）
担忧	dānyōu	（3）
刀功	dāogōng	（1）
捣乱	dǎo luàn	（2）
得意洋洋	déyì-yángyáng	（7）
登	dēng	（2）
貂皮	diāopí	（8）
调查	diàochá	（3）
跌破眼镜	diēpò yǎnjìng	（7）
独创	dúchuàng	（7）
独生子女	dúshēng-zǐnǚ	（3）
对联	duìlián	（8）
对象	duìxiàng	（1）
F		
法术	fǎshù	（4）
费事	fèi shì	（2）
丰收	fēngshōu	（8）
丰衣足食	fēngyī-zúshí	（4）
风靡	fēngmǐ	（6）
风调雨顺	fēngtiáo-yǔshùn	（8）
风向	fēngxiàng	（8）
缝隙	fèngxì	（5）
肤浅	fūqiǎn	（3）
浮躁	fúzào	（3）
富有	fùyǒu	（3）
G		
敢作敢为	gǎnzuò-gǎnwéi	（7）
感慨	gǎnkǎi	（2）
钢琴狂	gāngqínkuáng	（6）
高原	gāoyuán	（4）
更新	gēngxīn	（4）
工程师	gōngchéngshī	（7）
工具书	gōngjùshū	（3）
公文	gōngwén	（7）
功底	gōngdǐ	（6）
功利	gōnglì	（3）
古朴	gǔpǔ	（4）
关注	guānzhù	（3）
观音菩萨	Guānyīn Púsà	（4）
光彩照人	guāngcǎi-zhàorén	（6）
光芒	guāngmáng	（2）
广告	guǎnggào	（2）
桂花	guìhuā	（4）
滚烫	gǔntàng	（1）
过目不忘	guòmù-búwàng	（7）
H		
害羞	hài xiū	（2）
行业	hángyè	（7）
好运	hǎoyùn	（8）
厚重	hòuzhòng	（5）
忽略	hūlüè	（3）
花招儿	huāzhāor	（6）
华北平原	Huáběi Píngyuán	（4）
华侨	huáqiáo	（1）
槐花	huáihuā	（2）
缓和	huǎnhé	（6）
荒凉	huāngliáng	（4）
皇冠	huángguān	（8）
挥舞	huīwǔ	（1）
会友	huì yǒu	（1）
混沌	hùndùn	（5）

火爆	huǒbào	（6）
获取	huòqǔ	（3）
祸害	huòhai	（4）

J

基因	jīyīn	（6）
嫉妒	jídù	（4）
寂寞	jìmò	（2）
坚持	jiānchí	（2）
坚持不懈	jiānchí-búxiè	（6）
交响乐	jiāoxiǎngyuè	（6）
胶布	jiāobù	（1）
焦点	jiāodiǎn	（6）
焦头烂额	jiāotóu-làn'é	（3）
教育	jiàoyù	（3）
接班人	jiēbānrén	（7）
结	jié	（5）
截至	jiézhì	（4）
津津有味	jīnjīn-yǒuwèi	（2）
近视眼	jìnshìyǎn	（2）
精通	jīngtōng	（7）
精心	jīngxīn	（6）
救济	jiùjì	（5）
沮丧	jǔsàng	（1）
距今	jù jīn	（5）
捐款	juān kuǎn	（1）

K

开创	kāichuàng	（7）
开膛	kāi táng	（5）
开拓	kāituò	（7）
康乃馨	kāngnǎixīn	（2）
客户	kèhù	（2）
会计	kuàijì	（3）
会计学	kuàijìxué	（7）
苦涩	kǔsè	（4）

L

拉关系	lā guānxi	（5）
来历	láilì	（4）
狼狈	lángbèi	（8）
狼狈不堪	lángbèi-bùkān	（1）
老实	lǎoshi	（7）
礼让	lǐràng	（2）
理科生	lǐkēshēng	（3）
莲花	liánhuā	（4）
晾	liàng	（4）
猎人	lièrén	（5）
灵机一动	língjī-yídòng	（6）
领悟	lǐngwù	（7）
流传	liúchuán	（5）
露一手	lòu yìshǒu	（1）
鹿	lù	（8）
轮流	lúnliú	（5）
落选	luò xuǎn	（5）

M

麻袋	mádài	（6）
矛盾	máodùn	（3）
帽檐	màoyán	（6）
美好	měihǎo	（1）
门槛	ménkǎn	（3）
猛追不舍	měngzhuī-bùshě	（5）
弥补	míbǔ	（1）
谜	mí	（5）
蜜月	mìyuè	（3）

绵软	miánruǎn	（8）
瞄准	miáozhǔn	（5）
民风	mínfēng	（4）
民间	mínjiān	（5）
敏感	mǐngǎn	（2）
魔方	mófāng	（7）
模样	múyàng	（7）

N

纳闷儿	nà mènr	（1）
男子汉	nánzǐhàn	（2）
难受	nánshòu	（8）
黏黏糊糊	niánnianhūhū	（5）

O

偶像	ǒuxiàng	（6）

P

攀比	pānbǐ	（3）
陪衬	péichèn	（6）
偏偏	piānpiān	（6）
贫贱夫妻百事哀	pínjiàn fūqī bǎi shì āi	（3）
贫困	pínkùn	（1）
平淡	píngdàn	（3）
平生	píngshēng	（8）
谱	pǔ	（6）
瀑布	pùbù	（6）

Q

奇迹	qíjì	（6）
祈求	qíqiú	（8）
旗号	qíhào	（6）
乞求	qǐqiú	（5）
起草	qǐcǎo	（7）
千篇一律	qiānpiān-yílù	（7）
谦恭	qiāngōng	（2）
前卫	qiánwèi	（3）
乾隆	Qiánlóng	（4）
潜力	qiánlì	（7）
歉收	qiànshōu	（8）
轻快	qīngkuài	（6）
清朝	Qīngcháo	（4）
清贫	qīngpín	（3）
情敌	qíngdí	（6）
请教	qǐngjiào	（7）
庆祝	qìngzhù	（8）
驱除	qūchú	（8）
取代	qǔdài	（3）
权利	quánlì	（3）
瘸	qué	（1）
确实	quèshí	（2）

R

燃放	ránfàng	（8）
嚷	rǎng	（1）
人参	rénshēn	（8）
人缘儿	rényuánr	（7）
软件	ruǎnjiàn	（7）

S

散落	sǎnluò	（1）
嗓音	sǎngyīn	（2）
杀生	shā shēng	（5）
沙哑	shāyǎ	（2）
讪笑	shànxiào	（8）
商品房	shāngpǐnfáng	（3）
商铺	shāngpù	（4）

上古	shànggǔ	(5)
上火	shàng huǒ	(8)
上涨	shàngzhǎng	(3)
奢侈	shēchǐ	(3)
涉猎	shèliè	(3)
生肖	shēngxiào	(5)
尸体	shītǐ	(5)
湿润	shīrùn	(2)
时髦	shímáo	(6)
示范	shìfàn	(7)
守护神	shǒuhùshén	(5)
霜	shuāng	(8)
吮吸	shǔnxī	(2)
顺便	shùnbiàn	(2)
顺利	shùnlì	(8)
顺路	shùnlù	(2)
丝绸	sīchóu	(1)
丝丝缕缕	sīsīlǚlǚ	(8)
寺庙	sìmiào	(8)
随意	suíyì	(1)
	T	
太监	tàijiàn	(4)
特困生	tèkùnshēng	(1)
特殊	tèshū	(8)
特制	tèzhì	(8)
体会	tǐhuì	(8)
帖子	tiězi	(3)
投	tóu	(7)
土特产	tǔtèchǎn	(2)
	W	
歪打正着	wāidǎ-zhèngzháo	(1)
外壳	wàiké	(4)
围绕	wéirào	(4)
瘟神	wēnshén	(4)
文科生	wénkēshēng	(3)
文理分科	wénlǐ fēn kē	(3)
乌拉草	wūlācǎo	(8)
无奈	wúnài	(3)
无意	wúyì	(6)
	X	
吸收	xīshōu	(7)
袭	xí	(6)
戏谑	xìxuè	(2)
细胞	xìbāo	(7)
下落	xiàluò	(5)
显眼	xiǎnyǎn	(7)
相聚	xiāngjù	(2)
香槟	xiāngbīn	(8)
消费	xiāofèi	(5)
邪恶	xié'è	(8)
心神不宁	xīnshén-bùníng	(8)
新颖	xīnyǐng	(7)
行政管理	xíngzhèng guǎnlǐ	(7)
休闲装	xiūxiánzhuāng	(6)
修饰	xiūshì	(6)
雪白	xuěbái	(2)
	Y	
鸭舌帽	yāshémào	(6)
烟花	yānhuā	(8)
掩埋	yǎnmái	(5)
眼力	yǎnlì	(7)
厌恶	yànwù	(5)

宴席	yànxí	(3)
谚语	yànyǔ	(5)
野生	yěshēng	(5)
业务	yèwù	(7)
仪式	yíshì	(1)
移民	yímín	(1)
遗憾	yíhàn	(1)
一发不可收拾	yì fā bù kě shōushi	(1)
应酬	yìngchou	(3)
油渍	yóuzì	(2)
有限	yǒuxiàn	(2)
鱼鳞	yúlín	(8)
娱乐	yúlè	(6)
预示	yùshì	(8)
誉为	yùwéi	(4)
乐坛	yuètán	(6)

Z

赞叹	zàntàn	(6)
崭新	zhǎnxīn	(2)
占据	zhànjù	(4)
帐篷	zhàngpeng	(5)
招聘	zhāopìn	(7)
镇	zhèn	(4)
正宗	zhèngzōng	(1)
郑重	zhèngzhòng	(2)
直辖市	zhíxiáshì	(4)
职务	zhíwù	(7)
纸尿片	zhǐniàopiàn	(7)
指数	zhǐshù	(8)
至	zhì	(2)
智商	zhìshāng	(6)
置于死地	zhìyú-sǐdì	(5)
中国通	zhōngguótōng	(1)
中央	zhōngyāng	(4)
中意	zhòng yì	(7)
主持人	zhǔchírén	(6)
主动	zhǔdòng	(1)
助理	zhùlǐ	(7)
抓阄儿	zhuā jiūr	(1)
专辑	zhuānjí	(6)
专家	zhuānjiā	(3)
资助	zīzhù	(1)
子	zǐ	(5)
子宫	zǐgōng	(5)
籽	zǐ	(4)
紫禁城	Zǐjìnchéng	(4)
钻戒	zuànjiè	(3)
坐落	zuòluò	(4)
做东	zuò dōng	(7)